अमर शहीद लाल

पद्मधर सिंह

"स्वतंत्रता सेनानी की धरोहर को जीवंत करते हुए: प्रस्तुत करते हैं - भूपेंद्र सिंह"

रमेश प्रताप सिंह जाखी

INDIA • SINGAPORE • MALAYSIA

ISBN 979-8-89133-625-4

Prakash Singh
Padmashri
(formerly) Director General BSF, DGP UP and DGP Assam

3 C, Super Deluxe Flats
Sector-15 A, Noida-201301 (UP)
Phone : 0120-4334193

12 · 8 · 23

शुभ संदेश

भारतवर्ष वीरों की भूमि है परंतु दुर्भाग्य से बहुत से ऐसे वीर हैं जिन्होंने देश की रक्षा में या स्वतंत्रता आंदोलन में अपने प्राणों की आहुति दी, परंतु उनका नाम जनमानस को नहीं मालूम। हमारा इतिहास जिन लोगों ने लिखा वह चाहते थे कि हमारी गुलामी की मानसिकता बनी रहे, इसलिए हमारी जीत को भी उन्होंने हार के रूप में प्रस्तुत किया और हमारे वीरों को शौर्य गाथा को बहुत हल्के ढंग से प्रस्तुत किया। सौभाग्य से देश के सपूतों का इतिहास फिर से खोज कर निकाला जा रहा है और और जनता के सामने प्रस्तुत किया जा रहा है। इसी कड़ी में **लाल पद्मधर सिंह** पर रमेश प्रताप सिंह 'जाखी' द्वारालिखी गई यह पुस्तक है।

लाल पद्मधर सिंह मध्य प्रदेश के एक छोटे से ग्राम कृपालपुर, जनपद सतना के रहने वाले थे। बचपन में ही उनके सिर से पिता का साया चला गया और मां की देखभाल में उनका लालन-पालन हुआ। मां ने उन्हें अच्छे संस्कार दिए और देशभक्ति का पाठ पढ़ाया। 1940 में लाल पद्मधर सिंह इलाहाबाद चले गए और वहां उन्होंने विश्वविद्यालय में बीएससी में प्रवेश लिया। 1942 में महात्मा गांधी ने 'अंग्रेजों, भारत छोड़ो' का नारा दिया, लाल पद्मधर सिंह भी उस आंदोलन में कूद पड़े। इलाहाबाद में 12 अगस्त 1942 को एक जुलूस निकाला गया था, जिसमें कई छात्रों ने भाग लिया था। भीड़ 'इंकलाब जिंदाबाद', 'भारत माता की जय' के नारे लगा रही थी। पुलिस ने आंसू गैस का प्रयोग किया, लाठीचार्ज भी किया, परंतु भीड़ का हौसला कम नहीं हुआ। अंत में अंग्रेज अधिकारी डिक्सन ने गोली चलाने का आदेश दिया। लाल पद्मधर सिंह भीड़ की अगली पंक्ति में झंडा लेकर चल रहे थे। फायरिंग से एक गोली उनको सीने पर लगी और वह मौके पर ही शहीद हो गए। कहा जाता है कि लाल पद्मधर सिंह के बलिदान की खबर गांधीजी एवं जवाहरलाल नेहरू को मिली तो उन्हें बहुत दुख हुआ था।

इस पुस्तक में गद्य और पद्य दोनों ही शैली से लाल पद्मधर सिंह के जीवन पर प्रकाश डाला गया है। मुझे पूर्ण विश्वास है कि इसको पढ़ने से आज की युवा पीढ़ी को प्रेरणा मिलेगी और उनके अंदर देश प्रेम की भावना को संबल प्राप्त होगा।

प्रकाश सिंह
भूतपूर्व पुलिस महानिदेशक उत्तर प्रदेश एवं असम तथा
महानिदेशक सीमा सुरक्षा बल

राजनाथ सिंह
RAJNATH SINGH

रक्षा मंत्री
भारत
DEFENCE MINISTER
INDIA

दिनांक : 11.08.2023

संदेश

मुझे यह जानकर हार्दिक प्रसन्नता हुई है कि **लाल पद्मधर सिंह जी** की स्मृति में एक पुस्तक प्रकाशित की जा रही है।

लाल पद्मधर सिंह भारत के उन सपूतों में थे जिन्होंने स्वतंत्रता संग्राम में अपने प्राणों की आहुति दे दी। मध्य प्रदेश के जनपद सतना के ग्राम कृपालपुर के रहने वाले पद्मधर सिंह प्रयाग विश्वविद्यालय के विद्यार्थी थे। 1942 में जब महात्मा गांधी ने 'अंग्रेजों, भारत छोड़ो' आंदोलन का आह्वान किया तो लाल पद्मधर सिंह भी उसमें कूद पड़े। उनमें देशभक्ति कूट–कूट कर भरी थी और वह बड़े स्वाभिमानी युवा थे। 12 अगस्त 1942 को प्रयागराज में विद्यार्थियों का एक जुलूस निकला। छात्र 'इंकलाब जिंदाबाद', 'भारत माता की जय', 'अंग्रेजों भारत छोड़ो' के नारे लगा रहे थे। कचहरी के पास पुलिस ने इन्हें रोकने का प्रयास किया और बाद में भीड़ को तितर–बितर करने के लिए गोली चला दी। लाल पद्मधर सिंह को गोली लगी और वह शहीद हो गए। प्रयाग विश्वविद्यालय के छात्र आज भी उनके बलिदान से प्रेरणा लेते हैं।

मुझे बड़ी प्रसन्नता है कि रमेश प्रताप सिंह 'जाखी' ने लाल पद्मधर सिंह जी की स्मृति में एक पुस्तक लिखी है। मुझे विश्वास है कि इस पुस्तक से आज की युवा पीढ़ी को प्रेरणा मिलेगी और उनमें देश प्रेम की भावना न केवल जागृत होगी बल्कि और सशक्त होगी।

शुभकामनाओं सहित।

(राजनाथ सिंह)

Office : Room No. 104, Ministry of Defence, South Block, New Delhi-110011
Tel. : +91 11 23012286, +91 11 23019030, Fax : +91 11 23015403
E-mail : rmo@mod.nic.in

श्रद्धांजलि

स्वतंत्रता-संग्राम में भारत माता के वीर-पुत्र लाल पद्मधर के गौरवपूर्ण बलिदान को अपने रक्त के आँसुओं से लिखकर 'तन्मय' बुखारिया ने उसे अमिट बना दिया है। भारत के जिन अनेक वीर लालों ने स्वाधीनता के अहिंसात्मक समर में हँसते-हँसते अपने को माँ के चरणों पर अर्पित कर उसकी दासता की बेड़ियों को काटा है, 'वीर लाल पद्मधर' उन सब निःशब्द अलिखित बलिदानों का पुण्य प्रतीक है। बुखारिया जी ने जिस तन्मयता तथा ओज के साथ स्वतंत्रता के सेनानी के निर्मम आत्मदान को शब्दों की चिरन्तन समाधि में बाँधकर लाल पद्मधर के लिये हमारे हृदयों में स्नेह-स्मारक प्रस्तुत किया है, वह देश के नवयुवकों का मस्तक ऊँचा करता रहेगा।

स्वतंत्रता की नींव आत्म-बलिदान की निर्मम शिला पर पड़ती है; इतिहास सदैव से इसका साक्षी है।

वीर लाल पद्मधर अमर बन गये।

प्रयाग
तिथि ११-३-४८

—सुमित्रा नन्दन पन्त

गणेश सिंह
संसद सदस्य (लोक सभा)
सतना (म.प्र.)
सचिव :
भाजपा संसदीय दल (लोक सभा)
सदस्य :
- श्रम संबंधी स्थायी समिति
- विशेषाधिकार स्थायी समिति
- सूचना प्रौद्योगिकी स्थायी समिति
- पर्यावरण, वन और जलवायु परिवर्तन मंत्रालय के लिए सलाहकार समिति

GANESH SINGH
Member of Parliament (Lok Sabha)
Satna (M.P.)
Secretary :
BJP Parliamentary Party (Lok Sabha)
Member :
- Standing Committee on Labour
- Standing Committee on Privileges
- Standing Committee on Information Technology
- Consultative Committee for the Ministry of Environment, Forests and Climate Change

No. 828
26/3/2023

शुभकामना संदेश

अत्यन्त हर्ष का विषय है कि मेरे लोकसभा क्षेत्र के श्री रमेश प्रताप सिंह निवासी ग्राम जाखी जिला सतना द्वारा अमर शहीद लाल पदमधर सिंह जी के जीवन काल पर आधारित एक प्रबंध काव्य का श्रृजन किया है, इस प्रबंध काव्य में श्री सिंह द्वारा अमर शहीद लाल पदमधर के संपूर्ण जीवन काल का चित्रण किया गया है साथ ही इस पुस्तक में विन्ध्य धरा के अन्य स्वतंत्रता संग्राम सेनानियों की जीवनी का भी उल्लेख किया गया है मुझे पूर्ण विश्वास है कि यह पुस्तक इतिहास बोध के साथ–साथ युवा पीढी में देशभक्ति का जज्बा पैदा करने का कार्य करेगी।

मैं श्री रमेश प्रताप सिंह के इस पुनीत कार्य की सराहना करता हूँ एवं इनके उज्जवल भविष्य की कामना करता हूँ।

"सादर"

शुभेच्छु

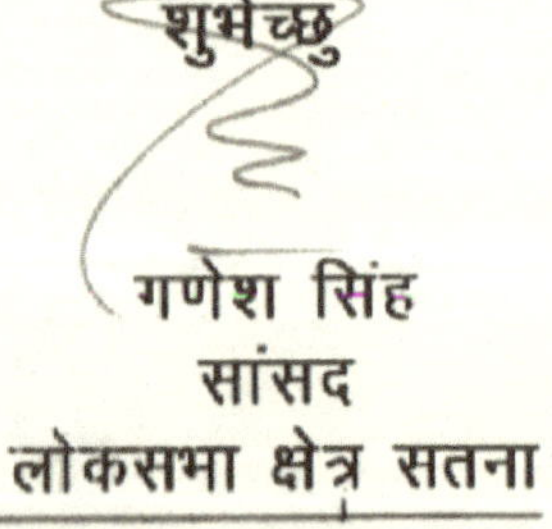

गणेश सिंह
सांसद
लोकसभा क्षेत्र सतना

Res. : 8, Gurudwara Rakabganj Road, New Delhi - 110 001 Tel. Fax : 011-23323644
Friends Colony, Near ITI, Satna (Madhya Pradesh) Ph. : 07672-257999
E-mail : sganesh@sansad.nic.in loksabhasatna@gmail.com

NAGENDRA SINGH
(M.L.A. NAGOD)
Ex - Member of Parliament (Khajuraho) M.P.
Ex - Minister of M.P. Govt.

Add. : Shyam Bhawan, Nagod
Distt- Satna (M.P.) Pin 485 446
Mobile : 09425013554
Talefax : 07673-238488
Email : nsinghnagod@gmail.com
D-22-74 Bunglow T.T. Nagar BHOPAL

शुभ संदेश

मुझे यह जानकर हार्दिक प्रसन्नता हुई है कि मेरे विधानसभा क्षेत्र अंतर्गत ग्राम जाखी के श्री रमेश प्रताप सिंह ने, अमर शहीद लाल पद्मधर सिंह पर एक प्रबंध काव्य का सृजन किया है। जो गद्य एवं पद्य दोनो विधाओं में है। जैसा कि सर्व विदित है कि, लाल पद्मधर सिंह सतना के समीप कृपालपुर इलाका के थे। आप इलाहाबाद विश्वविद्यालय में अध्ययनरत् थे तभी महात्मा गांधी द्वारा चलाये गये असहयोग आंदोलन में कूद पड़े और आजादी की लड़ाई लड़ते हुये 12 अगस्त सन् 1942 को शहीद हो गये। अतः मै इस पुस्तक के रचनाकार श्री रमेश प्रताप सिंह जाखी को बधाई देता हूँ तथा इनके उज्ज्वल भविष्य की कामना करता हूँ।

मेरी हार्दिक शुभकामनायें,!

नागेन्द्र सिंह

(नागेन्द्र सिंह)

अनुक्रमणिका

पद्य खण्ड

समर्पण

लाल प्रद्युम्न सिंह तुम्हें, अर्पित कोटि प्रणाम।
तुम हो दशरथ से पिता, पुत्र तुम्हारा राम।।
भारत माता के लिए, हुआ पुत्र बलिदान।
इस भौतिक संसार में, ऐसे पिता महान।।

कीर्ति शेष लाल प्रद्युम्न सिंह को

सादर समर्पित

आत्म निवेदन

भारत के जिन अनेक वीर लालों ने स्वाधीनता के समर में हसते हसते अपने को माँ के चरणो पर आर्पित कर उसकी दासता की बेड़ियों को काटा है, वीर लाल पधमघर उन सब निःशब्द अलिखित बलिदानी का पुण्य प्रतीक हैं। लेकिन अब तक उन पर कोई कृति उपलब्ध नहीं है। इस आभाव को पूरा करने के लिए मैनें अपने लघुभ्राता ब्रिगेडियर देवेन्द्र सिंह के सहयोग से अपना तन, मन और धन अर्पित कर श्री रमेश प्रताप सिंह “जाखी” द्वारा लिखित गद्य और पद्य की इस लेखनी से अमर शहीद लाल पद्ममधर के संपूर्ण जीवन का सुक्ष्मांकन तथा चरित्र उदघटित किया है।

आशा है कि यह कृति साहित्य के अतिरिक्त इतिहास के एक सुनहरे पृष्ठ का दस्तावेज भी साबित होगी।

स्वतंत्रता सेनानी की धरोहर को जीवंत करते हुए प्रस्तुतकर्ता

30.11.2023 — ब्रिगेडियर भूपेन्द्र सिंह (सेवा निवृत)

कृपालपुर — अमर शहीद लाल पदमधर सिंह के भतीजे

विंध्य के 'लाल' का काव्योत्कर्ष

- डॉ. सत्येन्द्र शर्मा, सतना

स्वतंत्रता जीवन की प्राणवायु है। समस्त जीवधारियों की वह बुनियादी आवश्यकता है किन्तु विवेकवान प्राणी होने के नाते मनुष्य के लिए वह जीवन का आधार है। जीवन धारण करने के बाद जिन लोगों का वास्ता मात्र उदर पूर्ति से जुड़ा रहता है और जो अपने आत्म-तत्व से अपरिचित रहकर भौतिक संसाधनों के संचयन में ही अपने जीवन की सफलता मान लेते हैं वे स्वाभिमान, स्वराज्य या स्वतन्त्रता का अर्थ और उच्चाशय क्या जानें! लेकिन मानव समाज में जिन्होनें अपने स्व, अपनी चेतना और अपनी प्रज्ञा को पहचाना है उन्होंने स्वतन्त्रता को जीवन का प्रथम ध्येय बनाकर उसके लिए अपना सर्वस्व, यहाँ तक कि प्राणों का भी उत्सर्ग कर दिया है। ऐसे लोगों ने अपनी भौतिक काया में भले ही झंझावात झेले हों, अपने को तपाया, गलाया और अंततः मिटाया हो किन्तु उनकी यशःकाया अजर-अमर हो गयी है । विंध्यभूमि के लाल पद्मधर सिंह उन्हीं सपूतों में एक **'लाल'** हैं जिनके यौवन की लालिमा माँ भारती के दिव्य स्वातंत्र्य की ज्योति में अपना परचम लहरा रही है।

''लाली मेरे लाल की, जित देखूँ तित लाल।
लाली देखन मैं गई, मैं भी हो गयी लाल।।''

कबीर की इस वाणी की जो भी रहस्यवादी व्याख्या की गयी हो किन्तु मुझे तो इसमें इस और ऐसे लालों पर लिखे गए प्रबन्धकाव्यों की प्रेरणा भी समाहित दिखाई देती है। मेरे कवि-मित्र श्री रमेशप्रताप सिंह 'जाखी' ने अपने विंध्य के लाल शहीद पद्मधर सिंह की शौर्य लालिमा को देखा - सुना - गुना और भाव प्रदीप्त से प्रज्ज्वलित हो उठे जिसकी परिणति यह कथात्मक प्रबन्ध है। सच्ची कविता भावोच्छवास और मन की तरंग से

अधिक जीवन के उन क्षेत्रों में प्रवेश करती है जहाँ व्यक्ति, समाज और सामूहिक उत्थान के रस-स्त्रोत मिलते हैं। यही रस-स्त्रोत वर्तमान और भविष्य के हेतु और सेतु बनते हैं। इस काव्य के चरितनायक लाल पद्मधर सिंह की जिंदगी छोटी भले रही हो किन्तु वह अपने शैशवकाल से लेकर यौवन के बलिदान तक उल्का-स्फुलिंग रही है। जागीरदार परिवार में जन्म, अत्यंत अल्पायु में पिता का विछोह, सबसे छोटी संतान होने के कारण माँ का आत्यांतिक दुलार, शिक्षा के लिए घर का त्याग, अन्याय और झूठ सहन न करने के रक्त-संस्कार, किसानों, मजदूरों और मुफ़लिसों के लिए अपनापे की लौ, नेतृत्व की क्षमता और संगठन कौशल, प्रतिरोध का साहस और अंततः राष्ट्रीय आन-बान और शान की रक्षा के लिए प्राणों का बलिदान, काव्य-नायक के इन सभी गुणों का परिचय इस कथा-काव्य से मिलता है। एक श्रेष्ठ और उदात्त लेखन के लिए इससे अच्छी काव्यभूमि और क्या हो सकती है। गौर करने की बात यह है कि इस काव्यभूमि को कविवर 'जाखी' ने समुचित पल्लवन और पोषण किया है :-

'इस जीवन का अर्थ नहीं है, जब तक भारतवर्ष गुलाम।
गर्व करें हम इस धरती पर, पैदा हुये जहाँ श्रीराम॥
हक को लेकर लड़-मर जाना, श्रीमद् गीता का सन्देश।
पराधीन होकर के जीना, जग का सबसे बड़ा कलेश॥

एक सजग रचनाकार अपने काव्यनायक की अंतरबाह्य प्रकृति को भलीभाँति समझता है, उसकी मनः चेतना से स्वयं को एकाकार करता है, उसकी प्रकृति-धारा में गोते लगाता है, रस-स्नात होता है और तदरूप हो जाता है तभी वह उसे रचता है। एक निर्मिति वह होती है जो निरा-मानस की उपज है , दूसरी निर्मिति वह है जिसमें किसी मूल की प्रतिकृति का निर्माण होता है ; यह काव्यगान दूसरे तरह की रचना है। प्रसिद्ध दार्शनिक अरस्तू ने इसे ज्यादा चुनौतीपूर्ण माना है । मैं आश्वस्त हूँ कि यह काव्य इस कसौटी में खरा उतरा है।

किसी नायक का जीवन-वृत्तान्त स्वतः कथा-काव्य बन जाता है क्योंकि उसमें उसकी जीवनयात्रा पिरोयी हुई होती है । किन्तु उस जीवन-यात्रा के ब्यौरे में क्या छोड़ना है, उसे कहाँ मोड़ना है और क्या जोड़ना है ? जो वस्तु तथ्य से अधिक काव्य-सत्य है - इस प्रक्रिया को साधना और इसकी काव्योचित आराधना ही रचना प्रक्रिया का अंग है। इस

रचना-प्रक्रिया का अच्छा उदाहरण यहाँ नायक की बाल्य और किशोरावस्था के चित्रण में मिलता है , विशेषकर कोई बालक जब अपना घर छोड़कर अन्यत्र पढ़ने जाता है तब माँ के हृदय की अनेक भाव-भंगिमाएँ, जो यहाँ प्रकट हुयी हैं, वे किसी भी संवेदनशील आँखों को द्रवित कर सकती हैं । काव्य की यही शक्ति पाठक के मन को विरेचित करती है और काव्यशास्त्र की भाषा में साधारणीकरण कहलाती है :

''माँ ने कहा वचन दो मुझको, नहीं लजाओगे मम क्षीर।
सदा रहोगे मर्यादा में, घर को कभी न दोगे पीर॥
मिले न हमको सुनने को यह, लज्जाजनक किए तुम काम।
केवल वहाँ पढ़ाई करना, मत करना कुल को बदनाम॥''

X X X

''अध्ययन करना भी एक तप है, तन-मन को देता उत्कर्ष।
बड़ा हुआ है वो इस जग में, जिसने किया घोर संघर्ष॥
जाओ रीवा, पढ़ो - लिखो अब, जीतो जीवन का संग्राम।
देश-जाति के योग्य बनो तुम, जग में करो वंश का नाम॥''

मेरे इस सम्मति आलेख की सीमा है, किन्तु उक्त दोनों उद्धरणों के काव्य-सौन्दर्य की सूक्ष्मता को देखना दिखाना काव्य-न्याय के लिए आवश्यक है । यहाँ पहले छन्द में वही सीख , वही पाठ है जो पीढ़ी-दर-पीढ़ी माँ अपने बेटे को देती आ रही है, मेरा दूध मत लजाना, मर्यादा में रहना, कुल को बदनाम करने वाला कोई काम न करना आदि-एकदम मनोवैज्ञानिक और स्वाभाविक कथन है! इसके दूसरे छन्द में पढ़ाई का महत्व, कठिनाई में जीवन खिलता है , जीवन एक संग्राम है और देश-जाति के लिए कुछ करना है। यह बालक के लिए माँ की सीख भी है और काव्य-नायक के राष्ट्रधर्मी व्यक्तित्व के विकास का संकेत भी है और साथ ही काव्य की दृष्टि से समापन में जिस फ़लागम - देश के लिए बलिदान की प्राप्ति होना है , उसका बीजवपन भी है और कथा का विकास हो रहा है, सो अलग । एक उद्यम से चार उद्देश्यों की फलप्राप्ति, निःसन्देह यह सधी हुयी कलम का ही कमाल है ।

इस प्रबन्ध-काव्य में ऐसी काव्योक्तियाँ सर्वत्र विद्यमान हैं जिसमें किसी उक्ति की पुष्टि में प्रसंगवश या कथा की माँग पर कोई पौराणिक, धार्मिक, ऐतिहासिक,

सांस्कृतिक या लोक-जीवन में प्रचलित किसी आख्यान का प्रसंग सामने ला देता है। कपिल मुनि, भगीरथ, कोहिनूर, प्रयाग, हरिद्वार, काशी, बहादुरशाह जफ़र, अकबर, महाराणा प्रताप, उदयपुर, ईस्ट इंडिया कंपनी, प्लासी, सूरत, सिराजुद्दौला, कलकत्ता, वल्लभभाई पटेल, नेताजी सुभाषचंद्र बोस और पंडित नेहरू आदि व्यक्ति, स्थान, संस्था और समूहवाची संज्ञाओं का प्रयोग पाठक की संस्मृति को इतिहास के अनेक गवाक्षों से जोड़ता है; जिससे इस प्रबंधकाव्य का आयाम विस्तृत और प्रबंधोचित औदात्य की गरिमा से भर जाता है। किन्तु यह तभी संभव होता है जब काव्यकार बहुपठित और बहुज्ञ हो और एक स्तरीय काव्यकार से यह अपेक्षा तो की ही जाती है।

जीवन या घटना वृत्तान्त कथात्मक होता है और कथ्य का आधार विवरण और वर्णन ही होगा। वर्णनात्मकता और विवरणात्मकता में सपाट बयानी से बचना मुश्किल होता है जिससे कहने-सुनने में नीरसता आ जाती है; इसी में कवि-कौशल की परीक्षा है कि वह कथा कहते हुये भी नीरसता या उबाऊपन न उतरने दे। इससे पार पाने के लिए कवि के पास तीन साधन हैं एक, जिज्ञासा या कौतूहल की दृष्टि , दूसरा , कवित्व का प्रवाह और तीसरा, भाव-प्रवणता। इस काव्य में तीनों तत्व अनायास ही सधे हुये दिखाई पड़ते हैं। इसका मुख्य आधार कवि की भाव-प्रवणता है। कवि अपने नायक में इस तरह अनुरक्त है कि पूरे काव्य में एक पल के लिए भी उसे अपनी चेतना से ओझल नहीं होने देता और यह भाव-प्रवणता कथ्य में ऊष्मा तो भरती ही है , काव्य प्रवाह को भी बनाए रखती है।

लाल पद्मधर सिंह हमारे राष्ट्रीय स्वतन्त्रता संग्राम में अपनी आहुति देने वाले रण-बाँकुरे हैं , उनका बलिदान भारतीय इतिहास में सदैव अंकित रहेगा किन्तु अफसोस यह है कि अब तक उन पर पद्य या गद्य में कोई स्वतन्त्र कृति उपलब्ध नहीं है , यहाँ तक कि उनके प्रामाणिक जीवन-वृत्त से आने वाली पीढ़ी को अवगत कराने के लिए कोई ऐतिहासिक दस्तावेज़ सार्वजनिक नहीं हैं। श्री रमेशप्रताप सिंह 'जाखी' की यह कृति इस बड़े अभाव को पूरा करेगी। इससे भी अधिक, चूँकि यह वृत्तान्त गद्य एवं पद्य दोनों विधाओं में है, इसलिए भी यह बच्चों -युवाओं के लिए सहज बोधगम्य और रोचक होने से पठनीय और प्रेरक होगी। मेरे लेखे यह काव्य, साहित्य के अतिरिक्त इतिहास के एक सुनहले पृष्ठ का दस्तावेज़ भी साबित होगा। कम लोग जानते हैं कि लाल पद्मधर सिंह का समाज के पीड़ित, शोषित और उपेक्षित वर्ग के लिए आत्मीय लगाव था। इस कृति से ही

पता चलता है कि अपने परिवार और मित्रों को लिखे उनके पत्रों से छात्र-समुदाय और तत्कालीन राष्ट्रीय परिस्थिति पर उनकी कितनी पैनी नज़र और कुछ कर गुजरने की छटपटाहट थी। उपलब्ध सामग्री के आधार पर उनकी विचार-दृष्टि और चिन्तन को लेकर गद्यरूप में भी लिखकर रचनाकार ने इस कृति को और भी रोचक एवं सर्वग्राह बना दिया है, जिसे पढ़कर, पाठक लाल पद्मधर सिंह के व्यक्तित्व एवं कृतित्व को सरलता से समझ सकेंगे।

बहरहाल, श्री 'जाखी' द्वारा प्रणीत इस काव्य को पढ़ते हुए इस एहसास से गुज़रा हूँ कि कवि अपने चरित-नायक के साथ जिस तरह भावान्विति पा सका है वह इस काव्य की ताकत और सफलता का आधार है। यही कवि की सहृदयता की पहचान और परीक्षा की कसौटी भी रही है। काव्य-नायक शहीद लाल पद्मधर सिंह की उज्ज्वल गाथा को सहस्त्रों प्रणाम करते हुए इस गाथा के रचयिता के प्रति अपनी हार्दिक शुभकामनाएँ व्यक्त करता हूँ।

इत्यलम् ।

दिनांक 15.07.2022, सतना

(डॉ. सत्येन्द्र शर्मा)
सेवा निवृत्त अपर संचालक, उच्च शिक्षा म.प्र. शासन
'श्यामायन', सहकार मार्ग, सतना (म.प्र.)
Satyashivsharma@gmail.com
मोबाइल : 94251675671

कृति की प्रकृति

– डॉ. अवध किशोर जड़िया, हरपालपुर

राष्ट्रधर्म की जागृत ज्योति से जिनके हृदय सदैव स्पंदित होते हैं ऐसे अमर शहीदों की वीर-गाथा से पवित्र लेखनी की अपनी पुण्य-आत्मा जब किसी साधक, कृति ही तपस्या में सहचरी बनती है तो कवि और लेखनी दोनों वंदनीय हो जाते हैं। भूमि का एक-एक कण, समय का एक-एक पल और समूचे राष्ट्र का जन-जन, गौरव और गर्व की यश पताका के पुनीत पल्लवन में आनन्द और उत्कर्ष की गहन अनुभूति से आप्लावित होते हैं।

देश पर प्राणों का उत्सर्ग करने वाले इन राष्ट्र-नायकों के सम्पूर्ण जीवन-वृत्त, इनके सम्पर्क में आने वाले प्रत्येक सम्बन्ध, स्थान, घटनाएँ, क्रियायें, इनके स्वभाव, सभी कुछ पृथक-पृथक विशेषताओं से युक्त और मातृ-भूमि के सेव्यभावों से संप्रक्त होते हैं, उनका दृष्टिकोण, उनका लक्ष्य, राष्ट्र पताका की फहरान और स्वाभिमान की चरम चोटी पर भारतवर्ष की मूल्यवान अवस्थिति की अवधारणा पर स्थित रहता है। हम सभी के करोड़ों शीश उन शहीदों के पूज्य विचारों और क्रियाओं पर बार-बार झुक झुक कर भी उनके सम्पूर्ण सम्मान में अधूरे ही रहते हैं।

इसी मूल्यवान भाव-सम्पदा के संदर्भ में, ओज का प्रखर स्वर कविवर श्री रमेश प्रताप सिंह 'जाखी' ने अपनी गद्य और पद्य की साहित्य साधना से राष्ट्र के प्रति और अमर शहीद लाल पद्मधर सिंह के सर्वोच्च उत्सर्ग के प्रति अपने कवि-दायित्व का हृदय से निर्वहन करने का सात्विक और शाश्वत अनुष्ठान किया है। उनकी लेखनी ने अमर शहीद लाल पद्मधर सिंह नामित कृति में शहीद के सम्पूर्ण जीवन का सूक्ष्मांकन तथा विषद और व्यापक विवरण का व्रत लिया है।

कवि ने भारत का इतिहास, विन्ध्य-भूमि का वर्णन, टमस का तारल्य, प्रयाग की महत्ता, कृपालपुर का इतिहास तथा पारिवारिक परिचय और लाल पद्मधर सिंह का

बाल्यावस्था से लेकर क्रमबद्ध सम्पूर्ण जीवनवृत्त प्रस्तुत करते हुए लाल पद्मधर सिंह जी का गंतव्य भी, घटनाओं के अनुसार उजागर किया गया है ।

भारत को अर्पित कर दूँगा, मैं यह अपना जीवन शेष,
कर्म करूँगा मैं अब केवल, देश का हो जिसमें सम्मान।।

'अमर शहीद लाल पद्मधर सिंह' कृति को जब हम समग्र रूप से अवलोकित करते हैं तो बाल काल और किशोरावस्था का वर्णन द्रवित कर देता है। माँ की महतीय ममता शिक्षा संस्कारों की पवित्र पाठशाला सिद्ध होती है। भारतीयता और ममता का सुमिश्रण काव्य को उर्जा प्रदान करता है।

इस वर्णनात्मक रचना के आकर्ष ने, कथा के प्रवाह ने, घटनाओं के प्रति उपजती जिज्ञासा ने, गद्य विधा को रोचक बनाया। शब्दों की चारुता और भावों के अजस्र प्रवाह ने तथा संप्रेषणीयता की ताकत ने पूरी कृति को मजबूती प्रदान की है।

मातृत्व, स्वाभिमान, राष्ट्रप्रेम और आजादी की सदेच्छा के स्तम्भों पर इस कृति के नायक का व्यक्तित्व और कृतित्व मूर्तमान है। लाल पद्मधर सिंह पर माता की शिक्षा-दीक्षा का प्रभाव, पूरे जीवन भर अंकित रहा, चाहे रीवा प्रवास हो चाहे कारागार के दिन हों, सभी स्थानों पर परिस्थितियों के अनुकूल, तरल कर देने वाला तो कहीं सम्बल और धैर्य प्रदान कर देने वाला तो कहीं आध्यात्म और राष्ट्र के प्रति सर्मपण कर देने वाला रहा हो, सभी जगह माता के ममत्व का प्रभुत्व पूरी कृति में परिलक्षित होता है और चरम वात्सल्य की सर्जना करता दिखता है। माँ का निधन तरल और द्रवित कर देने वाला स्नेह लिप्त का वर्णन है।

उत्सर्ग देने वाले, 'रणवाँकुरे' इतिहास पुरुष, समर स्वतंत्रता के अमर सेनानी का सजीव चित्र 'कविवर जाखी' की कलम से उकेरा गया अद्‌भुत शिल्प - कौशल है। 'नयन तारा' का प्रसंग, नायक की संवेदना - राष्ट्रीयता का उद्‌घोष करती विशिष्ट घटना है। वे प्राणपण से, देश की अस्मिता को सुरक्षित करते हैं और मर मिटने को तत्पर रहते हैं। उनके मन-मानस में राष्ट्रप्रेम का सागर आन्दोलित हो रहा था। आजादी के समराङ्गण में बूँद पड़ने का प्रेरक प्रसंग सार्थक और संवेदी है। रक्त की ऊष्मा का उर्जित प्रदर्शन और राष्ट्र-यज्ञ में उत्कृष्ट भावनाओं से विरचित - देह ही मंगल आहुति प्रदान की। मातृभूमि के

मनोज्ञ - मस्तक पर विजय-तिलक लगाकर 'अमर शहीद लाल पद्मधर सिंह' ने विन्ध्य की माटी की ओर से अपने दायित्व का अर्घ्य अर्पण किया।

कृति के नायक का स्वाभिमान, स्व के लिए और राष्ट्र के लिये सदैव तरंगित रहा। स्नातक स्वर की शिक्षा, प्रखर वक्ता, साहित्यानुरागी नेतृत्व कौशल, सभी कुछ नायक लाल पद्मधर सिंह के चरित्र में सुचर्चित रहे। युवाओं में देश की आजादी, अंग्रेजों से प्रतिरोध और प्रतिशोध की ज्वाला को जागृत करने का उपक्रम उनका राष्ट्रीय अनुष्ठान था। रीवा में अंग्रेजों के अत्याचारों से कुपित लाल पद्मधर सिंह जी की मनः स्थिति कवि प्रकट करता है -

पराधीन होकर के जीना, जग में सबसे बड़ा कलेश।

'असहयोग आंदोलन' में पूरा देश 'करो या मरो' के तुमुल घोष से निनादित था। लाल पद्मधर सिंह भी युवा समूहों का नेतृत्व कर रहे थे, आँखों में आजाद भारत माता के दिव्य स्वरूप की अभिलाषा दीप्त हो रही थी। इतिहास-पुरुषों की सूक्तियाँ उनके कानों में गूँज रहीं थीं, लोकमान्य तिलक, प्रताप और सुभाष जैसे अनगिनत राष्ट्रीय ध्वजवाहकों के उत्सर्ग चरित्र उन्हें प्रेरित कर रहे थे। उनका अदम्य साहस, चरम पर था। गुलामी की जटिल जंजीरों को तोड़ने के लिए उनके विशाल वक्ष सिंधु में उर्मियों का बाहुबल तटबंध तोड़ने को आतुर था। ऐसे प्रतिभा-पराक्रम सम्पन्न, न्यायप्रिय, सर्वप्रिय, लाल पद्मधर सिंह, विन्ध्य की माटी का सिंह शावक अपने शौर्य पराक्रम से राष्ट्र सेवा के लिए आबद्ध था।

प्रिय कवि 'जाखी जी' की यह कृति प्रबंध काव्य को रम्यता प्रदान करती है। नायक के धीरोदात्त गुण, प्रकृति वर्णन, अतीत के संग्रामों का उल्लेख, वंशावली तथा चरितनायक के जन्मस्थान का विशद वर्णन और जन्म से लेकर महाप्रयाण तक समस्त वृत्त इस रचना में निहित है।

नायक का शोषितों, वंचितों के प्रति स्नेह, आर्थिक कमजोरों के लिए छात्रावास का निर्माण, देश सेवा के लिए परिणय - बंधन से मना करना, ऐसे महनीय गुणों से युक्त नायक पूजनीय होता है नायक की उक्ति, जो आजादी के लिए आतुर है-

है गुलाम भारत का बेटा, मैं भी पैदा करूँ गुलाम?

ऐसे राष्ट्रानुरागी के महाप्रयाण का वर्णन भी द्रवित करने वाला है। कवि का यह बलिदानी यशोगान अपने ध्येय को प्राप्त करता है। कवि का कौशल, भाषा की गुणवत्ता, कथ्य का श्रेष्ठ प्रकार, अंगीरस का उद्रेक सभी कुछ सराहनीय है, जन्म और मृत्यु की तिथियों का स्थितियों का प्रामाणिक उल्लेख है। नायक के आस-पास विश्वनाथ सिंह जी कमलेश जी थे। 12 अगस्त कचहरी का स्थान, नयन तारा से झण्डा लेकर सिंह सपूत ने गोली खाई लेकिन झुककर प्राण बचाने का उपक्रम नहीं किया। प्रयागराज की पुण्य भूमि गर्वित हो उठी, देश का दीप्तमान दिनमान तुल्य प्रकाश सम्पन्न दीपक बुझ गया और नई मशाल ज्योतित कर गया–

उन पर भाषण करते वक्ता, बच्चे पढ़ते हैं इतिहास।
पूजा होती आदर्शों की, पैदा हो जाता उल्लास।।

मृत्यु उपरान्त, शवयात्रा, आकुलता, श्रद्धांजलि वर्णन, अंत में संदर्भ ग्रन्थों को लिखकर इतिहास की प्रामाणिकता, कवि की पारदर्शिता और श्रम की प्रतीति कराता है। कृति साहित्य, समाज और राष्ट्र के अध्येताओं के लिये, इतिहास के विद्यार्थियों आदि, सभी के लिये उपादेय सिद्ध होगी।

कवि के भविष्य के लिये अपनी अशेष शुभकामनाएँ ज्ञापित करता हूँ।

कार्तिक पूर्णिमा
दिनांक 08.11.2022

''पद्मश्री''
डॉ. (अवध किशोर जड़िया)
श्री हरिहर मार्ग हरपालपुर (छतरपुर) म.प्र.
मोबाइल : 9755154703

विन्ध्य के लाल, लाल पद्मधर सिंह

-पद्मश्री बाबूलाल दाहिया, पिथौराबाद

अमर शहीद पद्मधर सिंह जी के जीवन प्रसंगों एवं शहादत पर आधारित श्री रमेश प्रताप सिंह 'जाखी' का यह प्रबन्ध काब्य (विन्ध्य सपूत लाल पद्मधर सिंह) दूसरा प्रबन्ध काव्य है। इसके पहले श्री सिंह 1857 के महान स्वाधीनता सेनानी ठाकुर रणमत सिंह पर भी (अमर शहीद ठाकुर रणमत सिंह) नामक एक प्रबन्ध काव्य लिख चुके हैं।

श्री रमेश प्रताप सिंह एक ऐसे कवि हैं जिन्होंने खड़ी हिन्दी और बघेली दोनों में अनेक छन्द विधाओं में कविताएँ लिखी हैं। पर वीर योद्धाओं की बात अगर वीर काव्य (आल्हा) शैली में लिखी जाय तो वह काव्य लेखन को और महत्वपूर्ण बना देती है, क्योंकि ''16-15'' मात्राओं एवं दो पंक्तियों के अनुशासन में बँधा यह काव्य छन्द यूँ तो कविता की एक सरल विधा है पर उसके बावजूद यह विधा इतनी प्रभावी है जिससे अपने विचारों की अभिव्यक्ति विस्तृत रूप से की जा सकती है।

इस पुस्तक में 27 अध्याय गद्य में तथा 22 अध्याय पद्य में हैं लाल पद्मधर सिंह के अवतरण से लेकर बलिदान तक की समस्त घटनाओं को इस वीर काव्य छंद विधा के माध्यम से प्रस्तुत किया गया है।

मैं 50 के दशक से ही अमर शहीद लाल पद्मधर सिंह की बहादुरी एवं शहादत की कथा से वाकिफ रहा हूँ। मेरे लिए यह सब जान पाना इसलिए सम्भव था क्योंकि मेरे एक चचेरे भाई का ससुराल उसी कृपालपुर गाँव में था जहाँ लाल पद्मधर सिंह जी का जन्म हुआ था। अस्तु अपनी भाभी से लड़कपन में ही उनकी बहादुरी और शहादत की सारी कथा सुन चुका था। बाद में तो विन्ध्य प्रदेश सरकार की पाठ्य पुस्तक में भी बकायदे ''अमर शहीद पद्मधर सिंह '' नामक एक पाठ था जिसे कई बार पढ़ा था। लाल पद्मधर सिंह ऐसे स्वाभिमानी योद्धा थे जो झूठी चोरी का लांछन लगाने और कमरे की तलाशी लेने से अपने स्वाभिमान में आई आंच को असहनीय मान जहाँ उन्होंने

एस.के. टोपे नामक हेड मास्टर को ही गोली मार दिया था वही देश के स्वाभिमान एवं अस्मिता की रक्षा के लिए खुद ही गोली खाकर शहीद हो गए।

श्री रमेश सिंह ने अपनी कविता में इन दोनों घटनाओं को बड़े ही ओजस्वी ढंग से वर्णन किया है। किन्तु पहले टोपे वाली घटना का चित्रण देखें -

था उपकरण प्रिज्म शाला में, जिसका हुआ अचानक लोप।
घटना उन्नीस सौ चौबिस की, लगा पद्मधर पर आरोप।।
लाल पद्मधर के जीवन में, यह था बहुत बड़ा आघात।
चोरी किया पद्मधर सिंह ने, फैल गई छात्रों तक बात।।

और अंत में जब एस.के. टोपे ने उन्हें भला बुरा कह कमरे की तलाशी लेकर भी जलील किया पर तलाशी में कुछ नहीं निकला तो फिर उपरोक्त बात ही हुई।

कौन टाल सकता अनहोनी, कर में उठा लिया बंदूक।
टोपे मरणासन्न भूमि में, सारी भीड़ खड़ी थी मूक।।

इसी तरह इलाहाबाद की उस शहादत वाली घटना को श्री रमेश सिंह बखान करते हैं कि जब छात्रों का आंदोलन आगे बढ़ रहा था और तिरंगा झण्डा छात्रा नयनतारा सहगल के हाथ में था व अंग्रेजों की पलटन ताबड़तोड़ गोली चलाने लगी तो -

झपट नयनतारा से झंडा, लिया पद्म ने अपने हाथ।
कहा लेट जाओ तुम बहना, दो अपने प्राणों का साथ।।
आगा की आई एक गोली, कर गई जो सीने को पार।
बिलख उठी थी भारत माता, सुत की देख लहू की धार।।

अमर शहीद पद्मधर के उस शहादत ने छात्रों और प्राध्यापकों को किस प्रकार आंदोलित किया, उसका वर्णन भी श्री रमेश सिंह ने बहुत ही प्रभावी ढंग से किया है।

जितने शिक्षक विद्यार्थी थे, सबने शव को किया प्रणाम।
शुरू हुई फिर नारे बाजी, लिया गर्व से सबने नाम।।
छींटे थे सबके कपड़ों में, था ललाट में सब के रक्त।
भारी ग़म था सब के दिल में, खोकर भारत माँ का भक्त।।

इस तरह श्री रमेश प्रताप सिंह जी 'जाखी' ने अपने इस प्रबन्ध काव्य में अमर शहीद पद्मधर सिंह के अनेक जीवन प्रसंगों को वीर छंद (आल्हा) द्वारा बहुत ही प्रभावी ढंग से संजोया है। उनके द्वारा मुझे एक और महत्वपूर्ण जानकारी मिली है। वह यह कि उनकी माता श्री अपने प्राचीन नागौद स्टेट के रगला गाँव की ही बेटी थीं जिनका विवाह कृपालपुर में हुआ था। अस्तु अमर शहीद पद्मधर सिंह जी उस नाते इस स्टेट के भांजे थे, इसलिए उनके शहादत पर मुझे और नाज है। रचनाकार ने इसे गद्य में भी लिखकर पाठक को विकल्प दिया है कि पाठक अपनी रुचि के मुताबिक अध्ययन कर विषय वस्तु को आसानी से समझ सके। रचनाकार का यह प्रयास बहुत ही सराहनीय है।

निश्चित रूप से किसी ऐतिहासिक घटना पर प्रबन्ध काव्य लिखना बड़ा कठिन कार्य होता है। क्योंकि घूम - घूम कर अलग अलग स्रोतों से जानकारी एकत्र करनी पड़ती है जो एक दुस्तर कार्य होता है। किन्तु जिस लगन और मेहनत के साथ श्री रमेश प्रताप सिंह ने इस प्रबन्ध काव्य को मूर्त रूप दिया है वह स्तुत्य है और मुझे विश्वास है कि यह प्रबन्ध काव्य देश की अस्मिता पर गर्व करने वाले हर देश प्रेमी नागरिक के लिए प्रेरणा स्रोत बनेगा।

दिनांक 15.08.2022

पद्मश्री बाबूलाल दाहिया

पिथौराबाद

आत्म निवेदन

विन्ध्य भूमि का था सपूत, आजादी का दीवाना था,
झुका नहीं गोरों के आगे, लाल पद्म मस्ताना था।
देश भक्ति से ओत प्रोत हो, बना हुआ था मतवाला,
जन्मा था कृपालपुर में वह, लाल प्रद्युम्न का लाला।।

अमर शहीद लाल पद्मधर सिंह की जीवन गाथा लिखने में हर्ष की अनुभूति हो रही है, इसलिए नहीं कि वे राजवंश से ताल्लुक रखते थे, हर्ष इसलिए है कि पद्मधर सिंह महान देश भक्त तथा स्वाभिमानी थे । यही कारण था कि उन्होंने घर वैभव तथा जीवन के सारे सुखों को त्याग कर भारत माता की आजादी के लिए अपने प्राणों का उत्सर्ग कर दिया।

भारत वर्ष का अतीत कीर्ति और समृद्धि से भरा है। कभी इसे विश्वगुरू का दर्जा भी प्राप्त था। इतना भर नहीं इस देश को सोने की चिड़िया भी कहा जाता था, किन्तु समय एक सा नहीं रहता । इतिहास इस बात का साक्षी है । जब भारत वर्ष में पृथ्वीराज चौहान हुए तो उसी काल में कायर जयचंद भी हुआ। वीर शिरोमणि महाराणा प्रताप हुए तो मान सिंह ने भी जन्म लिया।

अफगान और अरब से आने वाले आक्रान्ताओं ने भारत को जी भर कर लूटा, फिर वही यहाँ के शासक हो गये। कुछ समय बाद यहाँ पर उनका जो आतंक और अत्याचार हुआ उसका उल्लेख नहीं किया जा सकता। कालांतर में समय का पहिया घूमा और लगभग सन् 1600 में यूरोप से कुछ देश भारत में व्यापार करने आये। पुर्तगाली तो चले गये किन्तु विलायती यहाँ जम गये, जिसे ईस्ट इण्डिया कम्पनी के नाम से जाना गया। अंग्रेजों ने यहाँ के देशी राजाओं की कमजोरी का लाभ उठाया और धीरे-धीरे यहाँ की शासन सत्ता में काबिज हो गये। फिर तो भारत में अंग्रेजों ने जो जुल्म ढाया उससे रूह काँप उठती है। परिणामस्वरूप 1857 के क्रान्ति का अभ्युदय हुआ।

1857 के क्रान्ति का उद्देश्य अंग्रेजों से आजादी प्राप्त करना था किन्तु देश के 524 नरेश अपने निजी हितों के चलते स्वतंत्रता आन्दोलन के साथ नहीं रहे, परिणामस्वरूप स्वतंत्रता आन्दोलन सफल नहीं हो सका, तथा अंग्रेज पहले से भी अधिक शक्तिशाली हो गये। यह सच है कि 1857 का आन्दोलन सफल नहीं हो सका किन्तु क्रांति की आग ठंडी नहीं हुई।

सन् 1885 में भारतीय राष्ट्रीय कांग्रेस का जन्म हुआ जिसका मुख्य उद्देश्य था अंग्रेजों की दमनकारी नीतियों का विरोध करना तथा आजादी की लड़ाई को बुलन्द करना। कालान्तर में कांग्रेस दो विचार धाराओं से विभक्त हो गई जिससे एक गरम दल तथा दूसरा नरम दल, किन्तु दोनों दलों का उद्देश्य एक था।

13 अप्रैल सन् 1919 में जलियावाले बाग में घटी घटना ने सारे देश को झकझोर कर रख दिया परिणामस्वरूप कई क्रान्तिकारियों ने इस घटना का बदला लेने का निश्चय किया। जाबाज ऊधम सिंह ने जनरल डायर को लन्दन में जाकर मारा। जिन बहादुरों ने अपने प्राणों का उत्सर्ग किया उनमें लाला लाजपत राय, सरदार भगत सिंह, राजगुरू सुखदेव तथा चन्द्रशेखर आजाद प्रमुख हैं। इन्हीं महान सपूतों के बलिदान ने 15 अगस्त 1947 के मार्ग को प्रशस्त किया।

लाल पद्मधर सिंह की बहादुरी तथा स्वाभिमान से जुड़े कुछ प्रसंग- पद्मधर सिंह जब इलाहाबाद विश्वविद्यालय में अध्यनरत थे तो एक दिन सिविल लाइन में स्थित पैलेस थियेटर में कुछ मित्रों के साथ फिल्म देखने गये। भीड़ काफी थी लम्बी-लम्बी कतारें लगीं थीं, जब पद्मधर सिंह की बारी आयी तो वहाँ पदस्थ टिकट बुकिंग कर्मचारी ने पद्मधर सिंह की अनदेखी कर पीछे खड़े अंग्रेज को बुलाकर टिकट दे दिया । यह पक्षपात पूर्ण व्यवहार देखकर पद्मधर सिंह आग बबूला हो गये और दफ्तर में घुसकर हंगामा खड़ा कर दिये, बात बढ़ी तो वहाँ का प्रबन्धक आ गया और पद्मधर सिंह को जब टिकट मिला तब कहीं मामला शान्त हुआ। जाहिर है कि इस घटना में उन्हें जेल भी हो सकती थी। इसी तरह पद्मधर सिंह अपने कुछ मित्रों के साथ देर रात्रि टाकीज से फिल्म देखकर वापस हास्टल लौट रहे थे। शासन के निर्देशानुसार रात्रि में टार्च लेकर चलना अनिवार्य था। ठीक कम्पनी बाग से गुजर रहे थे उसी समय दो

अंग्रेज वहाँ टहल रहे थे तभी एक अंग्रेज ने टार्च नहीं लेकर चलने पर चिल्लाकर कहा Bloody Indian do not follow the Rules इतना सुनते ही पद्मधर सिंह ने दोनों अंग्रेजों को पीट दिया और तुरन्त सायकल में सवार होकर हॉस्टल की तरफ रवाना हो गये।

तीसरी घटना 2 अगस्त 1942 की है । पुरुषोत्तम दास टण्डन पार्क में बैठक चल रही थी । उसी समय वर्षा आरम्भ हो गयी। सबने छाता तान लिया। वहाँ बैठे मित्रों ने पद्मधर सिंह को भी छाता लगा लेने को कहा किन्तु पद्मधर सिंह ने अस्वीकार कर दिया और तन्मयता से खड़े होकर वे जवाहरलाल नेहरू का भाषण सुनते रहे। नेहरू के जोशीले भाषण सुनने के बाद उनके अन्दर देश भक्ति की ज्वाला भड़क उठी । युवा रक्त खौल उठा । इस घटना के बाद इलाहाबाद विश्वविद्यालय में गाँधी जी के द्वारा शुरू किये गये आन्दोलन ने जोर पकड़ लिया ।

9 अगस्त सन् 1942 को महात्मा गांधी ने असहयोग आन्दोलन छेड़ा जिसमें नारा दिया ''करो या मरो'' इस आन्दोलन ने सारे देश को अपने आगोश में ले लिया, इस आन्दोलन का सर्वाधिक प्रभाव बम्बई, कलकत्ता और बिहार में पड़ा।

इलाहाबाद विश्वविद्यालय भी इससे अछूता नहीं रहा। महात्मा गाँधी के आह्वान पर विश्वविद्यालय के सभी विद्यार्थी आन्दोलन में कूद पड़े, जहाँ पर कृपालपुर के लाल पद्मधर सिंह ने 12 अगस्त 1942 को जिस शौर्य का प्रदर्शन किया वह आजादी के इतिहास का स्वर्णिम पृष्ठ बन गया।

नहीं मिटेगी कभी धरा से, जिसकी अमर कहानी।
है कृपालपुर धरती का वह, लाल पद्म बलिदानी।।
अगस्त उन्नीस सौ चौदह को, वह इस धरती में आया।
भारत की स्वतंत्रता को, अपना सर्वस्व लुटाया।।
नौ अगस्त को गूँजा था, जब करो मरो का नारा।
लाल पद्मधर ने प्रयाग में, गोरो को ललकारा।।
तनिक नहीं था भय गोली का, खोल दिया निज सीना।
कहा शत्रु से नहीं झुकूँगा, व्यर्थ है झुककर जीना।।

था बारह अगस्त का दिन, जब बना पद्म बलिदानी।

चन्दन बना लहू का कतरा, बिलख उठा हर प्राणी।।

भारत की आजादी में विन्ध्य का महत्वपूर्ण योगदान था। 1857 से लेकर 15 अगस्त 1947 तक विन्ध्य के अनगिनत सपूतों ने आजादी की बलिवेदी में अपने प्राणों को न्यौछावर कर दिया। यह अलग बात है कि कुछ ही शहीद इतिहास के पृष्ठों तक पहुंच सके। जो पहुँचे भी उनको वह स्थान नहीं मिला जिसके वे हकदार थे।

इसका सबसे बड़ा कारण यह था कि अधिकांश इतिहासकार राजाओं के संरक्षण में पलते थे, परिणामस्वरूप वे वही लिखते थे जो शासक वर्ग लिखवाता था। जिसका दुष्परिणाम यह है कि, वर्तमान पीढ़ी वास्तविकता एवं सत्यता से वंचित हो गई।

वर्तमान में साहित्यकारों एवं इतिहासकारों के लिए सबसे बड़ी चुनौती है कि नेपथ्य में पड़े देश पर मर मिटने वालों की टूटी कड़ी को जोड़ने का पुनीत कार्य करें, जिससे आजादी के हुतात्माओं को प्रकाश में लाया जा सके।

प्रस्तुत कृति में 27 अध्याय गद्य खण्ड में एवं 22 अध्याय पद्य खण्ड में है जिसमें विन्ध्य गौरवगान से लेकर पद्मधर सिंह के बलिदान तक का वर्णन किया गया है। पाठकों की रुचि को दृष्टिगत रखते हुए गद्य एवं पद्य दोनों विधाओं में पूरे यात्रा वृतान्त को रेखांकित किया गया है। जिससे कृति के हर प्रसंग को आसानी पूर्वक समझा जा सके।

अमर शहीद लाल पद्मधर सिंह की इस कृति में कोशिश की गई है कि पद्मधर सिंह का पूरा चरित्र उद्घाटित किया जा सके। इसमें कितनी सफलता मिल सकी है इसका निर्णय तो पाठक ही कर सकेंगे। रही बात रचनाकार की तो उसे अपना कृतित्व तो उत्कृष्ट ही लगता है, जिसके संबंध में संत कवि गोस्वामी तुलसीदास जी ने भी कहा है -

निज कवित्त केंहि लाग न नीका,

सरस होय अथवा अति फीका।।

अमर शहीद लाल पद्मधर सिंह पर लिखने के लिए विशेष प्रेरित करने वाले श्रीमान् ब्रिगेडियर भूपेन्द्र सिंह का उपकार नहीं भूला जा सकता। आप पद्मधर सिंह के भतीजे हैं, कृति प्रकाशन में आपका तन, मन और धन तीनों तरह का सहयोग प्राप्त है आपका बहुत-बहुत आभार। श्रीमान् ब्रिगेडियर देवेन्द्र सिंह जी का भी आभार, आपने

सहायक सामग्री उपलब्ध कराने में सहयोग किया तथा समय-समय पर मार्गदर्शन किया। आभार स्व. लखन प्रताप सिंह के प्रपौत्र अनिल सिंह कटिया का, आपके माध्यम से कृति निर्माण हेतु सहायक सामग्री प्राप्त हो सकी।

आभार श्रद्धेय डॉ. सत्येन्द्र शर्मा 'साहित्यकार' सतना का, आपने कृति पर शुभाशीष प्रदान कर कृति का मान बढ़ाया। आभार पद्मश्री बाबूलाल दाहिया 'पिथौराबाद' का, आपने कृति पर भूमिका देकर शहीद पर प्रकाश डालने का पुनीत कार्य किया तथा आभार पद्मश्री अवध किशोर जड़िया जी, का आपका भी स्नेहिल आशीर्वाद मिला।

इस कृति के संयोजन में जिनका सतत मार्गदशन मिला उनमें नवगीतकार श्रीमान् अनूप अशेष 'सोनौरा', कविवर श्री छोटेलाल पाण्डेय 'पतौरा', पूर्व प्राचार्य श्रीमान् नरेन्द्र सिंह बघेल 'सगवाँ' आप सभी महानुभावों का बहुत-बहुत अभिनन्दन तथा आभार।

आभार सभी कवि मित्रों का जिनके सम्बल तथा उत्साहवर्धन से मैं कुछ लिख-पढ़ सकने के योग्य बन सका।

अपने मातृभूमि जाखी की पावन माटी को नमन करते हुए अपने माता-पिता को नमन जिनका स्नेह रचना धर्मिता को सतत् ऊर्जा देता रहा। अन्त में क्रान्ति के युवा नायक अमर शहीद लाल पद्मधर सिंह पर आधारित यह कृति आप सब के पुनीत कर कमलों को सादर समर्पित।

आपका

रमेश प्रताप सिंह 'जाखी'

दिनांक - 14 नवम्बर 2021

बिरसामुण्डा जयंती

अमर शहीद लाल पद्मधर सिंह जी

जन्म दिवस	शहीद दिवस
14 अगस्त 1914	12 अगस्त 1942

गद्य खण्ड

अतीत का संक्षिप्त उल्लेख

देवभूमि भारतवर्ष का इतिहास बहुत प्राचीन तथा कीर्ति और वैभव से भरा हुआ है। इसकी संस्कृति और सभ्यता भी बहुत प्राचीन है। इस देश में पली-बढ़ी संस्कृत भाषा कई भाषाओं की जननी मानी जाती है तथा इसे देव भाषा का दर्जा भी प्राप्त है। विश्व में जितने महान पुरुष पैदा हुए उनमें से अधिकांश ने इसी धरती को अपनी जन्मभूमि बनाया। त्रेता युग में भगवान राम ने यही जन्म लिया, फिर द्वापर युग में श्री कृष्ण जी का जन्म इसी भूमि में हुआ। इसी में भगवान बुद्ध ने जन्म लिया जिनके द्वारा स्थापित बौद्ध धर्म है, जो आज विश्व के कई देशों में राष्ट्र धर्म का दर्जा प्राप्त कर चुका है। भगवान महावीर का जन्म भी इसी धरती में हुआ जो जैन धर्म के प्रवर्तक माने जाते हैं। महान संत गुरु नानक की जननी भी यही भरत भूमि है, जिन्होंने सिख धर्म को जन्म दिया।

इसी पावन भारतवर्ष की भूमि में योग, शून्य, ज्योतिष तथा खगोल शास्त्र का उद्भव हुआ। शून्य के आविष्कारक आर्यभट्ट का नाम सारे विश्व में बड़े गर्व के साथ लिया जाता है। यहीं पर महान आयुर्वेदाचार्य पतंजलि हुए जिनके पास मुर्दे में प्राण फूंक देने की शक्ति थी।

यह वह धरती है जहां चार वेद तथा 18 पुराण रचे गये, जिनके सृजक वेदव्यास जी माने जाते हैं। हिंदू धर्मावलंबियों की प्रसिद्ध पुस्तक 'रामायण' की रचना यहीं हुई, जिसके निर्माता महर्षि वाल्मीकि हैं, जिन्हें आदि कवि माना जाता है।

यहीं पर द्वापर युग में कुरुक्षेत्र भूभाग में महाभारत युद्ध हुआ था, जिसमें श्री कृष्ण के मुखारविंद से श्रीमद्भगवत्गीता का प्राकट्य हुआ, जो अध्यात्म और दर्शन की श्रेष्ठतम कृति मानी जाती है। शायद इन्हीं सब उपलब्धियों के कारण इस भारतवर्ष को विश्व गुरु का दर्जा प्राप्त था। इसी धरा में परम प्रतापी वाराह मिहिर हुए जिनकी कीर्ति सारे विश्व में विद्यमान है।

पृथ्वीराज चौहान दिल्ली तथा अजमेर के शासक थे। इनका शासनकाल 1178 से 1192 तक रहा । ये केवल भारतवर्ष नहीं, बल्कि दुनिया के महान राजाओं में गिने

जाते थे। 15 वर्ष की उम्र में पृथ्वीराज चौहान ने अपने राज्य का सिंहासन संभाला था। पृथ्वीराज चौहान शब्द वेधी बाण चलाने में माहिर थे। इनका एक गज का सीना था, इन्होंने युद्ध में मुहम्मद गोरी को 17 बार हराया था।

महाराणा प्रताप (मेवाड़ केशरी) का नाम इतिहास में वीरता, शौर्य, त्याग और दृढ प्रतिज्ञा करने वालों में गिना जाता है। महाराणा प्रताप 1 मार्च 1576 में मेवाड़ की गद्दी पर बैठे थे। 18 जून 1576 को हल्दीघाटी के मैदान में ऐतिहासिक युद्ध हुआ था। जिसमें अकबर जैसे सम्राट की सेना को नाकों चने चबाने पड़े थे। इन्होंने मुगल बादशाह अकबर की आधीनता कभी नहीं स्वीकारा। जंगल में घास की रोटी तक खाना पड़ा, लेकिन स्वाभिमान और सम्मान में आंच नहीं आने दिया।

छत्रपति वीर शिवाजी ने जिस रण कौशल तथा वीरता का परिचय दिया वह इतिहास में कहीं नहीं मिल सकता। शिवाजी का जन्म 19 फरवरी सन् 1630 को शिवनेरी दुर्ग में हुआ था। जब कभी मराठा साम्राज्य की बात आती है तो सबसे पहले शिवाजी महाराज का नाम लिया जाता है । मराठा साम्राज्य के संस्थापक वीर शिवाजी का नाम बहादुर, बुद्धिमान और निर्भीक शासक के रूप में लिया जाता रहेगा । 50 वर्ष की उम्र में छत्रपति शिवाजी ने मराठा साम्राज्य के बाहर भी अपना राज्य स्थापित कर लिया था उनके पास तीन सौ किले और एक लाख सेना थी।

गोंडवाना की मर्दानी कहीं जाने वाली महान शासक रानी दुर्गावती का जन्म 1524 को महोबा में हुआ था। दुर्गावती के शासनकाल को गोंडवाना का स्वर्णिम काल कहा जाता है। इन्होंने 15 वर्ष तक शासन किया । दुर्गावती ने बाज बहादुर की सेना के छक्के छुड़ा दिए। 1562 में अकबर ने बाज बहादुर को हराया। दूसरा महाराणा प्रताप कहे जाने वाली दुर्गावती ने 24 जून 1564 को मुगलों से लड़ते हुए अपने प्राण त्याग दिए।

सन् 1757 में सिराजुद्दौला तथा ईस्ट इंडिया कंपनी के बीच बड़ा युद्ध हुआ जिसमें ईस्ट इंडिया कंपनी को विजय मिली। इसके बाद भारत में अंग्रेजों के पांव अंगद की तरह जम गये। फिर तो अंग्रेज भारत के राजाओं को आपस में लड़ा कर राज्य का विस्तार करते चले गए और एक दिन ऐसा भी आया जब पूरे भारतवर्ष में उनका राज्य स्थापित हो गया।

व्याघ्र देव से बघेल वंश तक

सोलंकी वंश के राजा व्याघ्रदेव के वंशज बघेल नाम से प्रसिद्ध हुये। व्याघ्रदेव के पूर्वज गुजरात अनहिलवाड़ा सोलंकी राज्य में पहले सामंत शासक थे। इनमें वीर धवल बहुत प्रभावशाली सामंत हुये। अनहिलवाड़ा के राजा कुमारपाल सोलंकी ने व्याघ्रपल्ली की जागीर वीर धवल के पूर्वज को दे दिया था। व्याघ्रपल्ली की जागीर और व्याघ्रदेव के नाम से ही बघेल वंश प्रसिद्ध हुआ।

गुजरात नरेश कुमार पाल के शासन काल में व्याघ्र देव ने अपनी जागीर अपने भतीजे वीर धवल को देकर अपने लिए एक नवीन राज्य की स्थापना की मनोकामना को लेकर पूर्व दिशा की ओर प्रस्थान कर चंदेल राज्य में पहुँच गये।

उस समय चंदेलों का राज्य शक्तिहीन तथा असंगठित था। इसका लाभ उठाकर व्याघ्र देव ने कालिंजर से सोलह मील उत्तर-पूर्व की पहाड़ी पर स्थित चंदेलों के मरका नामक दुर्ग पर अधिकार कर लिया। तत्पश्चात सेना संगठित कर आसपास के भूभाग को अपने अधीन कर वि.सं.1234 में गहौरा राज्य की स्थापना की।

व्याघ्र देव की धाक आसपास के राज्यों में जम चुकी थी। पड़ोसी राजा अब व्याघ्र देव से काफी भयभीत रहने लगे थे। इसी कारण मित्रता के लिए हाथ बढ़ाकर मधुर संबंध बना लिए। परिणामस्वरूप तरौहा के परिहार, नरेश मुकुल देव चंद्रावन ने अपनी पुत्री सिंदूरमती का विवाह व्याघ्र देव के साथ कर दिया। कुछ दिनों पश्चात् अपना संपूर्ण राज्य दहेज में देकर तीर्थ यात्रा करने चले गये।

मुकुल देव चंद्रावन के कोई पुत्र भी नहीं था। इस राज्य के मिल जाने से व्याघ्र देव के राज्य का और भी विस्तार हो गया।

व्याघ्र देव के ज्येष्ठ पुत्र कर्ण देव थे। इनका विवाह सोमदत्त कुर्चुली की कन्या के साथ हुआ। सोमदत्त ने दहेज में कर्ण देव को बांधवगढ़ किला एवं उसके समीपी भू-भाग को भी दे दिया। इस तरह से व्याघ्र देव के राज्य का और भी विस्तार हो गया।

रीवा राज्य के 23वीं पीढ़ी के राजा वीरभान सिंह देव 1540-53 ई. गहौरा इलाके में थे। 1544 ई. में शेरशाह सूरी नागौद इलाके में भ्रमण पर था। उसने वीरभान सिंह देव से मिलने की इच्छा जाहिर की। वीरभान समझ गये कि शेरशाह अपनी आधीनता स्वीकार करवाने के लिये मिलना चाहता होगा। इसलिये मना कर दिया।

शेरशाह सूरी ने कालिंजर दुर्ग पर घेरा डाल दिया। एक वर्ष तक घेरा डालने के बाद भी शेरशाह सूरी किले पर अधिकार नहीं कर सका। शेरशाह सूरी तथा राजा वीरभानु सिंह देव के बीच युद्ध हुआ जिसमें गहोरा राज्य की भारी क्षति हुई। कालिंजर का अजेय किला उस समय चन्देल राजा कीरत सिंह के आधीन था जो वीरभानु देव के मित्र थे। वीरभानु सिंह ने कालिंजर किले में शरण ली। अन्त में किले की दीवारों को गोला बारूद से उड़ाने के लिए एक ऊँची बुर्ज बनाई गई। बारूद का जाल बिछाया गया। शेरशाह स्वयं बुर्ज पर था। जब पलीते में आग लगाई गई तो एक पलीता दुर्ग की दीवार से टकराकर बारूद की ढेरी में जा गिरा जिसके कारण भयानक विस्फोट हुआ और शेरशाह सूरी की मौत हो गई, परिणामस्वरूप कालिंजर अजेय रहा।

राजा रामचन्द्र के पुत्र विक्रमादित्य ने 1674 ई. में बिछिया और बेहड़ नदी पर अपने राज्य की स्थापना कर रीवा को राजधानी बनाया। राजा विक्रमादित्य के चार पुत्र हुए। ज्येष्ठ पुत्र अमर सिंह रीवा की गद्दी पर बैठे और दूसरे पुत्र इन्द्र सिंह को माधवगढ़ की चौरासी मिली।

इसी वंश परम्परा में आगे महाराज विश्वनाथ सिंह जूदेव हुए जो बहुत विद्वान तथा मूर्धन्य साहित्यकार थे। इनके शासनकाल में रीवा राज्य की ख्याति बहुत दूर-दूर तक फैली। महाराज विश्वनाथ सिंह जूदेव के द्वारा रचित 32 ग्रन्थ हैं। जिनमें आनन्द रामायण, कबीर बीजक, धनुर्विद्या परधर्म निर्णय आदि प्रमुख हैं। रीवा राज्य के प्रसिद्ध राजा रामचन्द्र के दरबार में संगीत के महन साधक तानसेन पले बढ़े जिनकी कीर्ति दूर-दूर तक फैली। सम्राट अकबर तानसेन को महाराजा रामचन्द्र से प्राप्त कर अपने दरबार आगरा ले गया। रीवा राज्य की 35वीं पीढ़ी में वर्तमान महाराजा पुष्पराज सिंह हैं तथा उनके युवराज दिव्यराज सिंह हैं, जो सिरमौर विधान सभा क्षेत्र से

विधायक हैं।

महाराजा वेंकटरमण का जन्म 18 जुलाई सन् 1876 को कृपालपुर गढ़ी में हुआ। इसी समय कृपालपुर गढ़ी में लाल प्रद्युमन सिंह ने जन्म लिया जो कि कृपालपुर इलाका के इलाकेदार थे। इनके चार पुत्र हुए जिनमें सबसे बड़े लाल गदाधर सिंह, चक्रधर सिंह, शंखधर सिंह तथा सबसे छोटे लाल पद्मधर सिंह थे। लाल प्रद्युमन सिंह की माता का नाम राजकुँवरि सिंह था जिनका मायका उचेहरा के निकट रगला गाँव में था। इनके पिता राम सिंह रगला के जागीरदार थे। रगला नागौद राज्य का प्रतिष्ठित गाँव था।

रीवा का किला

1857 का स्वतंत्रता संग्राम

भारत में अंग्रेजी शासन 1757 में प्लासी के युद्ध के बाद स्थापित हुआ। फिर करीब 200 वर्षों तक रहा। अंग्रेजी शासन का जो दमन चक्र चला उससे भारतीय जनमानस आंदोलित हो उठा, और देश के हर कोने में त्राहि-त्राहि मच गई।

1857 के विद्रोह का प्रमुख कारण ब्रिटिश सरकार की गोद निषेध प्रथा थी जो की पूर्णतः हड़प नीति थी। यह भारत के ब्रिटिश गवर्नर लॉर्ड डलहौजी के दिमाग की उपज थी। कंपनी के गवर्नर जनरलों ने भारतीय राज्यों को हड़पने के उद्देश्य से इस एक्ट को बनाया था। इस हड़पनीति के कारण झाँसी की रानी लक्ष्मीबाई के दत्तक पुत्र को गद्दी से बेदखल कर दिया गया। इसी तरह सतारा, नागपुर को भी ब्रिटिश राज्य में मिला लिया गया। बाजीराव के दत्तक पुत्र नाना साहब की पेंशन रोक दी गई। बहादुर शाह जफर को लाल किला से बेदखल कर दिया गया।

1857 की क्रांति की शुरुआत 10 मई को मेरठ से आरंभ हुई। दरअसल धार्मिक भावनाओं को ठेस पहुँचने पर बंगाल नेटिव इन्फेंट्री के सैनिक मंगल पांडे ने विद्रोह कर दिया, जिन्हें 8 अप्रैल को फाँसी दे दी गई। इस घटना के बाद मेरठ छावनी में विद्रोह की चिंगारी भड़क उठी। 9 मई मेरठ विद्रोह 1857 के स्वतंत्रता संग्राम के आरंभ का माध्यम बन गया।

1857 के आंदोलन का जिन क्रांतिकारियों ने नेतृत्व किया उनमें तात्या टोपे, नाना साहब, झाँसी की रानी लक्ष्मीबाई, जगदीशपुर बिहार के कुवँर सिंह, बेगम हजरत महल, अजीमुल्ला खाँ, विन्ध्य के ठाकुर रणमत सिंह आदि प्रमुख रहे।

लेफ्टिनेंट हडसन ने बहादुर शाह जफर के दो पुत्रों, मिर्जा मुगल और मिर्जा ख्वाजा और पोते मिर्जा अबूवक्र, को दीवार में चुनवा दिया। यह घटना बहुत पीड़ादायक थी। 1857 के क्रांति का सर्वाधिक प्रभाव मेरठ, कानपुर, बरेली, झाँसी, दिल्ली तथा अवध में रहा। क्रांति की शुरुआत एक साथ नहीं होने के कारण अंग्रेजी हुकूमत

ने उसे कुचल दिया, और दूसरा जो सबसे बड़ा कारण था वो देश के कई बड़े राजाओं का इससे अलग रहना, इतना भर नहीं कुछ बड़े राज्यों ने तो खुल कर अंग्रेजों का साथ भी दिया उनमें ग्वालियर के सिंधिया, इन्दौर के होल्कर तथा जोधपुर के राणा प्रमुख थे।

जालियावाला बाग की घटना 1857 के बाद की सबसे बड़ी घटना थी। दरअसल रोलट एक्ट के विरोध में, पंजाब प्रांत के अमृतसर के स्वर्ण मंदिर के निकट जलिया वाले बाग में 13 अप्रैल 1919 बैसाखी के दिन बैठक चल रही थी, तभी जनरल डायर ने फायर का आदेश दे दिया जिसमें 1500 से अधिक लोग मारे गए तथा 2000 से अधिक घायल हो गये थे। इस घटना को अंजाम देने वाले कातिल जनरल डायर को भारत माता के स्वाभिमानी सपूत ऊधम सिंह ने 13 मार्च 1940 को लंदन में मार दिया था।

सन् 1885 में भारतीय राष्ट्रीय कांग्रेस की स्थापना की गई जिसका नेतृत्व सुरेंद्रनाथ बनर्जी, दादाभाई नौरोजी, फिरोजशाह मेहता, बदरुद्दीन तैयब आदि ने किया। इस संस्था के प्रमुख उद्देश्य थे न्याय और शासन व्यवस्था अलग हो, भारतीयों को सैनिक प्रशिक्षण दिया जाये, उच्च पदों में भारतीयों की नियुक्ति हो तथा समाचार पत्र से प्रतिबंध हटाया जाये।

साइमन कमीशन की नियुक्ति ब्रिटिश प्रधानमंत्री ने सर जॉन साइमन के नेतृत्व में किया। इस कमीशन में 7 सदस्य थे, जो सभी ब्रिटेन की संसद के मनोनीत सदस्य थे। 3 फरवरी सन् 1928 को कमीशन भारत पहुँचा। साइमन कलकत्ता, लाहौर, लखनऊ, विजयवाड़ा और पुणे पहुँचा था, तभी इसे जबरदस्त विरोध का सामना करना पड़ा।

सन् 1928 में लाला लाजपत राय के नेतृत्व में साइमन कमीशन का विरोध किया गया तो उन पर लाठीचार्ज हुआ। गहरी चोट होने के कारण 17 नवंबर 1928 को वे शहीद हो गये।

लोकमान्य बाल गंगाधर तिलक को अंग्रेजी साम्राज्य के विरुद्ध राष्ट्रीयता का जन्मदाता माना जाता है, वे अखबारों के प्रकाशन के साथ-साथ सार्वजनिक तथा देश हितैषी गतिविधियों में संलग्न रहते थे। उनकी इच्छा शक्ति, परिश्रम और संगठनात्मक शक्ति असाधारण थी। लोकमान्य ने राष्ट्र में एक नई चेतना का संचार किया, तथा देश को

नारा दिया, ''स्वतंत्रता हमारा जन्मसिद्ध अधिकार है हम इसे लेकर रहेंगे।'' उन्होंने एक क्रांतिकारी लेख लिखा था, जिसके कारण उन्हें 6 वर्ष की सजा हुई। बर्मा की मांडले जेल से 17 जून 1914 को उनकी रिहाई हुई। इस महान स्वतंत्रता संग्राम सेनानी का जीते जी आजादी का सपना पूर्ण नहीं हो सका तथा 1 अगस्त सन् 1920 को उनका देहावसान हो गया।

सरदार भगत सिंह, राजगुरु तथा सुखदेव देश के सपूत लाला लाजपत राय का बदला लेना चाहते थे। ब्रिटिश पुलिस अधिकारी सांर्डस को गलती से जेम्स स्काट समझ बैठे और उसका अंत कर दिया जिसके चलते इन तीनों पर देशद्रोह का मुकदमा चला तथा न्यायाधीश जी. सी. हल्टन ने इन तीनों को फाँसी की सजा मुकर्रर कर दी। 23 मार्च 1931 को 7 बजकर 33 मिनट पर तीनों को फाँसी के फंदे में लटका दिया गया। फाँसी पर चढ़ने के पहले भगत सिंह ने अपनी माँ से कहा था, '' मेरे शव के पास माँ तुम नहीं आना क्योंकि शव देखकर रो पड़ोगी । मैं नहीं चाहता कि लोग कहे कि भगत सिंह की माँ भी रो रही थी।''

आसाधारण क्रांतिकारी सुभाष चंद्र बोस का जन्म 23 जनवरी सन् 1897 में उड़ीसा राज्य के कटक शहर में हुआ था। आजादी के आंदोलन को मजबूती देने के लिए इन्होंने 'आजाद हिंद फौज' का गठन किया था जिसे जापान समेत कई देशों का समर्थन प्राप्त था।

सुभाष चंद्र बोस में असाधारण नेतृत्व कौशल था और अपने समय में सबसे प्रभावशाली वक्ता माने जाते थे। बोस के दिए गये नारे आज भी जन-जन की जुबान में है- ''तुम मुझे खून दो मैं तुम्हें आजादी दूंगा'', ''जयहिंद'', ''दिल्ली चलो''। सुभाषचंद्र की मृत्यु आज भी अनसुलझा रहस्य बना हुआ है।

क्रिप्स मिशन की विफलता के बाद महात्मा गांधी ने ब्रिटिश शासन के खिलाफ अपना तीसरा बड़ा आन्दोलन छेड़ा। 8 अगस्त सन् 1942 की शाम को मुंबई में अखिल भारतीय कांग्रेस कमेटी के मुंबई सत्र में ''अंग्रेजों भारत छोड़ो'' का नारा दिया गया । इस आंदोलन की शुरुआत मुंबई से हुई, इसे अगस्त क्रांति के नाम से जाना जाता है।

चन्द्रशेखर आजाद

देश की आजादी के योगदान में चन्द्रशेखर आजाद को कभी नहीं भुलाया जा सकता। आन्दोलन के इतिहास में चन्द्रशेखर आजाद का नाम प्रथम पंक्ति के बलिदानियों में लिया जाता है। आजाद का जन्म 23 जुलाई 1906 को हुआ था। इनके माता का नाम जगरानी तथा पिता का नाम सीताराम तिवारी था। ये उत्तरप्रदेश के उन्नाव जिला के बदरका गाँव के थे, किन्तु चन्द्रशेखर का जन्म मध्यप्रदेश के अलीराजपुर भाँवरा नामक गाँव में हुआ था। चन्द्रशेखर आजाद सदैव एक काँटे की तरह ब्रिटिश साम्राज्य को गले की हड्डी की तरह खटकते रहे। 27 फरवरी सन् 1931 को इलाहाबाद के अल्फ्रेड पार्क में अचानक अंग्रेजी पुलिस द्वारा घेर लिए गये। घिरे होने के बाद भी सिपाहियों से कई घण्टे तक लड़ते रहे। कारतूस खत्म हो जाने के कारण अपने प्रिय बलख बुखारा नामक पिस्तौल में बची अन्तिम गोली अपने नाम कर लिया तथा वीरगति को प्राप्त हो गये। ब्रिटिश पुलिस को उनसे इतना खौफ था कि इनकी मृत्यु होने के बाद भी अंग्रेज सिपाही पास जाने से अत्यन्त भयभीत थे। कायरों ने मृत शरीर पर सैकड़ों फायर किये। इलाहाबाद का अल्फ्रेड पार्क जहाँ आज भी उनका स्मारक बना हुआ है जिसे अब चन्द्रशेखर आजाद पार्क के नाम से जाना जाता है। आजाद का चरित्र वर्तमान और भविष्य में देशभक्त भारतीय युवकों के लिए प्रेरणा का स्त्रोत बना रहेगा।

नमन है माता जगरानी को, नमन जनक हे सीताराम।
जिनके बेटे का स्मारक, बना देश भक्तों का धाम।।

बघेलखण्ड के 1857 के अमर सेनानी

रीवा राजघराने के महाराजा विक्रमादित्य की पाँचवी पीढ़ी में माधवगढ़ (पथरहट) रियासत स्थापित हुई जिसमें बरदाडीह और कृपालपुर का प्रमुख स्थान था। नृपनाथ को कृपालपुर मिला जिसमें 8 गाँव शामिल थे उसी का एक भाग नीमी गाँव भी था। नृपनाथ के दो पुत्र हुए दलजीत सिंह और मानसिंह। ज्येष्ठ दलजीत सिंह के तीन पुत्र हुए, पहाड़ सिंह, दिलराज सिंह और धीर सिंह। बँटवारे में धीर सिंह को नीमी गाँव मिला। धीर सिंह बाल्यकाल से ही क्रांतिकारी विचारधार से ओत-प्रोत थे।

एक बार रीवा महाराज विश्वनाथ सिंह जूदेव के बिना अनुमति लिए युवराज रघुराज सिंह ने एक कर्जदार का ऋण माफ कर दिया, इस पर विश्वनाथ सिंह ने युवराज के आदेश को निरस्त कर दिया। महाराज का यह व्यवहार युवराज के मित्रों को पसंद नहीं आया जिसके कारण खिन्न होकर सभी ने बगावती तेवर अख्तियार कर लिए। फलस्वरूप महाराज विश्वानाथ सिंह जूदेव ने सब पर नमक हरामी का इल्जाम लगाकर वैसाख 4 संवत 1894 को आदेश पारितकर सेवा से बर्खास्त कर दिया और सभी की संपत्ति भी जब्त कर लिया, जिसमें सलोनी सिंह कचुर्ली, भगवंत राय कचुर्ली, कमोद सिंह परिहार, संग्राम सिंह परिहार, शहजाद सिंह बघेल, जोधराय बघेल के साथ धीर सिंह भी रीवा छोड़कर चले गये। वह पंजाब नरेश रणजीत सिंह के यहाँ नौकरी करने लगे, उस समय उनकी आयु 17 वर्ष थी। कुछ समय पश्चात गवर्नर जनरल द्वारा मध्यस्थता करने पर उन्हें रीवा वापस बुला लिया गया। लौटने पर धीर सिंह के युवराज से संबंध पूर्ववत रहे। जब युवराज की शादी तय हुई तो धीर सिंह महाराजा की बारात में उदयपुर भी गये। जब रघुराज सिंह गद्दी पर बैठे तो उन्होंने धीर सिंह को सौ रुपए मासिक वेतन पर न्यायकर्मी (भिताक्षरा) नियुक्त किया।

भारत के उत्तरी भाग में कई रियासतों ने 1857 में विद्रोह कर दिया। इसका प्रभाव बघेलखंड में भी हुआ। यहाँ पर आंदोलन की चिंगारी सुलगाने का

काम शासक वर्ग के एक सैनिक तिलंगा ने किया था, जिसे कुचलने के लिए पॉलिटिकल एजेंट आसर्वन ने शक्ति का प्रयोग किया तथा उसे फाँसी देने की आवाज उठी। इत्तफाक से फाँसी की अफवाह फैल गई जिसके बचाव में ठाकुर रणमत सिंह, धीर सिंह और श्यामशाह सिंह आंदोलनरत हो गये। यहाँ इस प्रसंग का स्मरण आवश्यक है चूंकि इस घटना क्रम के पहले धीर सिंह नीमी में थे, उन्हें लिवाने खुद रणमत सिंह नीमी गये और उनसे कहा कि अब अंग्रेजों का अंत करने के लिए हमें देश से अंग्रेजी सत्ता को उखाड़ फेकना है। धीर सिंह यदि मेरा यह प्रस्ताव मंजूर हो तो मेरे साथ तुम भी चलो। यह सुन धीर सिंह जिस हालत में थे उसी हालत में अपनी तलवार लेकर रणमत सिंह के साथ चल पड़े, और जीवन भर उनकी छाया बनकर रहे। रणमत सिंह, श्याम शाह सिंह और पंजाब सिंह ने रीवा में आजादी का बिगुल फूँक दिया। धीरे-धीरे आंदोलन ने पूरे बघेलखंड में विकराल रूप धारण कर लिया। इस आंदोलन से पॉलिटिकल एजेंट आसर्वन तो धीर सिंह को मिटा देना चाहता था।

रीवा राज्य के अन्य प्रमुख विद्रोही नेता भी, धीर सिंह के निर्देशानुसार, अपने अभियान में जुटे हुए थे। धीर सिंह का सीधा संपर्क महाराजा रीवा से था। लाल छतर सिंह विद्रोही फौज का सूबेदार जरनल था। वह धीर सिंह के माध्यम से ही वित्तीय तथा अन्य नागरिकों से सहायता प्राप्त करता था। ऐसा ही पंजाब सिंह तथा श्यामशाह का भी काम था। रणमत सिंह भी धीर सिंह की सलाह को मानते थे।

जब रीवा में अंग्रेजों के खिलाफ जोरदार अभियान चला तो पॉलिटिकल एजेंट को रीवा से भागना पड़ा । इस बावत रीवा के दीवान लक्ष्मण सिंह ने रीवा से धीर सिंह को लिखा आपकी इच्छानुसार हमने पॉलिटिकल एजेंट को रीवा से मजबूर करके निकाल दिया है । जाते समय एजेंट कह रहा था कि नागौद से लौटने पर धीर सिंह के लड़ाई का दायरा केवल बघेलखण्ड तक सीमित नहीं था। धीर सिंह पंजाब के महाराजा रणजीत सिंह के साथ काफी समय तक रहे। इनकी वहाँ भी एक सेना थी जिसे विंध्य फौज के नाम से जाना जाता था।

जून 1858 तक बघेलखंड में अशांति का जोर था । धीर सिंह, पंजाब सिंह ने राजा बेणी माधव दिलावर जंग से तोपे माँगी उस पर राणा ने अपने 30 जून के पत्र द्वारा

धीर सिंह, पंजाब सिंह को तोपे उपलब्ध कराने में अपनी असमर्थता के बारे में बताया कि लखनऊ पतन के समय जितनी भी तोपे थीं वे वहीं रह गईं।

इसी बीच कुछ ऐसी घटनाएं घटी जिनकी धमक लंदन तक पहुंची। उनमें सबसे महत्वपूर्ण घटना थी क्योटी का युद्ध। युद्ध इतना भीषण था कि हजारों अंग्रेजी सत्ता पक्ष के सैनिक मारे गये, लाशों का अम्बार लग गया । कहते हैं कि क्योटी का कूँड़ा लाशों से पटा हुआ था। यह युद्ध 1857 के स्वाधीनता आंदोलन का सबसे बड़ा और भयानक था।

इस विषम स्थिति में महाराजा रघुराज सिंह की मंशानुसार दीनबंधु के माध्यम से रणमत सिंह की माता जी के नाम से एक चिट्ठी लिखी गई तथा उसे रणमत सिंह के पास भेजा गया। जिसे पढ़कर वे भावुक हो गये और तुरंत रीवा आ गये। रीवा में विजय शंकर पुजारी के यहाँ रुके। यह समाचार दीनबंधु के माध्यम से अंग्रेज अधिकारियों को दिया गया। आनन -फानन में महन्त हुजूर सिंह के नेतृत्व में मार्च में रणमत सिंह को गिरफ्तार कर लिया गया और आगरा ले जाकर 15 मार्च 1860 को फाँसी पर चढ़ा दिया गया। इसमें दो मत है कुछ इतिहासकारों ने फाँसी देने की जगह बांदा को माना है।

इस दुखद घटना से आंदोलनकारी सदमे में आ गये । अतः ठाकुर रणमत सिंह के न रहने के कारण 1857 का बघेलखंड का आंदोलन ठंडा पड़ गया। फिर आंदोलनकारियों पर जो अत्याचार तथा दमन हुआ, उसका वर्णन नहीं किया जा सकता।

विंध्य का यह कालखंड बहुत ही दुखद और पीड़ादायक था। रणमत सिंह का अंत हो जाने से धीर सिंह असहाय तथा अकेले पड़ गये। जीवन का शेष समय काटने के लिए वेष बदलकर चित्रकूट में रहने लगे। कालांतर में भेद खुल जाने की आशंका के चलते जयपुर के गलता जी आश्रम चले गये। कुछ समय पश्चात वहीं पर अपने पंच भूत शरीर को त्याग दिया।

श्यामशाह सिंह 1857 के स्वतंत्रता संग्राम के बलिदानियों की श्रृंखला में श्यामशाह का नाम गर्व से लिया जाता है। श्यामशाह सिंह रीवा राज्य के अन्तर्गत खम्हरिया गाँव के बघेल सरदार थे तथा ठा. रणमत सिंह के अभिन्न सहयोगी थे। जो डॉ. रखमल की छाया की तरह रहे उनमें धीर सिंह नीमी पंजाब सिंह 'राम प्रताप सिंह भवानी,

पहलवान सिंह चन्देल, लोचन सिंह, प्रतिपाल सिंह, अनंत सिंह, भोला बारी, कामता लोहार, वृन्दावन कुहार, तालिब बेग, सहामत खाँ तथा श्यामशाह प्रमुख थे।

डॉ. रणमत सिंह के न रहने के बाद श्याम शाह जिन्दगी के शेष दिन छिप-छिप कर काट रहे थे। इसी को अतिसार रोग से पीड़ित हो गये जिसके कारण शरीर अरजर हो गया। बूढ़ा शेर बुड़वा गाँव के आस-पास था तभी ईनाम की लालच में कुछ सियार शेर पर टूट पड़े और एक महान देश भक्त का दुखह अन्त हो गया।

सन् 1857 के महान् योद्धाओं ने जो स्वर्णिम इतिहास रचा वह हमेशा सूर्य की भाँति देदीप्यमान होता।

कर दिया समर्पित जीवन को, सम्मान नहीं जाने पाया।
जोश जुनून औ जज्बे का, तूफान नहीं जाने पाया।।
आते हैं कुछ नर तन में, कर जाते काम विधाता का।
कर देते नभ से ऊँचा, माथा निज भारत माता का।।
धीर-श्याम की कुर्बानी को, नहीं भुलाया जा सकता।
इतनी गौरवशाली गाथा, जिसे न गाया जा सकता।

माधवगढ़ का अभ्युदय

माधवगढ़, सतना नगर के करीब टमस नदी किनारे स्थित है। इसी टमस नदी के किनारे 17वीं सदी में निर्मित किया गया एक खूबसूरत किला है, जिसके निर्माण की शुरुआत रीवा नरेश महाराज विक्रमादित्य (1592-1624) ने अपने छोटे सुपुत्र इन्द्र सिंह के लिए कराया था। अपने पुत्र इन्द्र सिंह को यह इलाका देकर इनका नाम पथरहट रखा था।

राजा विक्रमादित्य के बड़े पुत्र अमर सिंह (1624-40) पिता की मृत्यु के बाद रीवा राज की गद्दी पर आसीन हुए।

दरअसल माधवगढ़ का प्राचीन नाम पथरहट था। माधवगढ़ के निकट नदी के दोनों किनारों पर पत्थरों से युक्त पटपर था। पत्थरों के पटपर के कारण इसका नामकरण पथरहट किया गया। महाराजा विक्रमादित्य बघेल द्वारा नामित पथरहट नाम लगभग 200 सौ वर्षों तक चलता रहा, लेकिन इसी वंश के राजा जयसिंह देव को यह नाम बिल्कुल पसंद नहीं रहा। पथरहट की ठकुराइन साहब कृष्ण भगवान की अनन्य भक्त थीं। उन्होंने गढ़ी के भीतर तथा बस्ती में भी मन्दिर का निर्माण कराकर श्रीकृष्ण भगवान की प्रतिमा स्थापित करा दिया। लिहाजा राजा जयसिंह देव (1809-33 ई.) ने श्रीकृष्ण के पर्यायवाची माधव के नाम पर इसका नामकरण माधवगढ़ किला कर दिया। नामकरण हो जाने के बाद भी लोग माधवगढ़ के बजाय पथरहट ही कहते रहे। मजबूर होकर राजा जयसिंह ने पूरे राज्य में एक फरमान जारी करवा दिया, यदि अब कोई भी शख्स माधवगढ़ को पथरहट कहेगा तो उसे एक सेर नमक खिलाया जायेगा। राजा जयसिंह देव के इस शख्त आदेश के बाद लोग इसे माधवगढ़ कहने लगे जो आज तक चलता आ रहा है।

कृपालपुर, भीष्मपुर, महिदल, सिजहटा, फुटौधा, बरदाडीह रीवा नरेश अमरसिंह के छोटे अनुज इन्द्र सिंह के वंश के हैं।

कभी रहा पथरहट नाम से, फिर माधवगढ़ कहलाया।
इसे विक्रमादित्य नृपति ने, पुत्र इन्द्र को बनवाया।।
कीर्ति बढ़ी राजा जय सिंह की, फिर पथरहट हुआ भारी।
बहती टमस नदी पश्चिम में, जो करती पहरेदारी।।
किला ने गोरी शासन देखा, देखा फिर यह आजादी।
देख रहा बूढ़ी आखों से, अब अपनी यह बरबादी।।

माधवगढ़ का किला

कृपालपुर का गौरवशाली अतीत

मध्यप्रदेश के पूर्वांचल में स्थित विन्ध्य भूमि के प्रवेश द्वार पर सतना नगर से केवल 8 किलोमीटर की दूरी पर स्थित कृपालपुर वह पावन भूमि है जिसमें स्वतंत्रता की बलवेदी के लिए एक अमर बलिदानी को जन्म दिया। विन्ध्यांचल पर्वत श्रृंखला की श्रेणियों में नरो पहाड़ की वादियों में, जहाँ सन 1420 में प्रतिहारों को आश्रय मिला था, थोड़ा आगे चलने पर मानस तीर्थ रामवन स्थित है । टमस नदी के किनारे बसे इस गाँव का नाम जेहन में आते ही प्रातः स्मरणीय सपूत पद्मधर सिंह की पुण्य स्मृति तरो ताजा हो जाती है, जिसने अपने अदम्य साहस से भारत के वीरोचित परम्परा को आगे बढ़ाया।

कृपालपुर की वंश परम्परा में कुछ पीछे चलेंगे तो आपको धीर सिंह मिलेंगे । यद्यपि बँटवारा में उन्हें नीमी गाँव मिला। धीर सिंह का कृतित्व एवं व्यक्तित्व बहुत उच्च कोटि का है। इस खानदान की पटकथा माधवगढ़ पथरहट के ठाकुर अनन्त सिंह से प्रारम्भ होती है ।

दरअसल रीवा में रियासत की राजधानी स्थापित करने वाले नरेश राजा विक्रमादित्य के (1593-1624 ई.) बड़े पुत्र इन्द्र सिंह को पथरहट का इलाका मिला इसी वंश में नृपनाथ सिंह हुए जिनकी शाखा कृपालपुर है। इसके पहले यह इलाका कछिया टोला के नाम से जाना जाता था।

कृपालपुर के नामकरण के पीछे कृपालपुर के ठाकुर साहब लाल प्रद्युम्न सिंह के गुरू उर्मिलादास जी महाराज की कृपा रही। दरअसल कृपालपुर के ठाकुर साहब लाल प्रद्युम्न सिंह के पुत्र नहीं हो रहे थे तथा जो जन्म भी लेते तो शैशव काल में ही मृत्यु को प्राप्त हो जाते थे। इस विषय को लेकर ठाकुर साहब बहुत दुःखी रहते थे। इसी दौरान उत्तर प्रदेश की धरती से प्रसिद्ध उर्मिलादास जी महाराज आये और टमस नदी के किनारे रहने लगे। जब लाल प्रद्युम्न सिंह को मालूम हुआ तो वे उन्हें अपनी गढ़ी ले आये। सन्त उर्मिलादास जी महाराज ने ठाकुर साहब को सन्तान प्राप्ति का आशीर्वाद दिया। उन्हीं के

आशीर्वाद से लाल प्रद्युम्न सिंह को सन् 1901 में बड़े पुत्र लाल गदाधर सिंह का जन्म हुआ, बाद में तीन पुत्र और हुये जिनमें लाल चक्रधर सिंह, लाल शंखधर सिंह तथा लाल पद्‌मधर सिंह थे। चार पुत्र प्राप्त हो जाने के बाद इलाका खुशहाल हो गया । चूँकि सन्त जी के कृपा से पुत्र रत्न की प्राप्ति हुई, इसी कारण लाल प्रद्युम्न सिंह ने इलाके का नाम कछिया टोला से बदलकर कृपालपुर रख दिया।

कृपालपुर गढ़ी में ही रीवा के पराक्रमी नरेश महाराजा वेंकट रमण सिंह जूदेव का जन्म 18 जुलाई सन् 1876 में हुआ था।

प्रद्युम्न सिंह महाराज वेंकट रमण के शासनकाल में रीवा प्रशासन के मंत्री मंडल के सम्मानित सदस्य थे। रीवा दरबार में कृपालपुर को विशेष दर्जा हासिल था।

कृपालपुर की वंश परंपरा में आगे जाकर लाल प्रद्युमन सिंह के चौथे सुपुत्र लाल पद्मधर सिंह ने जिस शौर्य और पराक्रम का परिचय दिया, वह लाजवाब और अद्वितीय है ।

लाल पद्‌मधर सिंह ने स्वाभिमान और सम्मान से कभी समझौता नहीं किया। इसी का परिणाम था जब दरबार हाई स्कूल में एस. के. टोपे ने प्रिज्म की चोरी का इल्जाम लगाया तो पद्‌मधर सिंह ने बंदूक उठा लिया।

पारिवारिक पृष्ठभूमि से स्पष्ट प्रतीत होता है कि, पद्‌मधर सिंह ने अपने पूर्वज धीर सिंह के सपनों को आगे बढ़ाया और अपनी मातृभूमि तथा देश के लिए अपने जीवन को समर्पित कर दिया।

लाल पद्‌मधर सिंह ने 28 वर्ष की उम्र में जिस शौर्य और समर्पण का परिचय दिया वह अद्भुत और अद्वितीय है। धीर सिंह की कुर्बानी और पद्‌मधर सिंह का बलिदान कृपालपुर की धरती को प्रयाग सा पावन बनाता है। 1857 से लेकर 1942 के काल में जिन्होंने अपने प्राणों को आजादी की बलिवेदी में चढ़ा दिया, उसी कुर्बानी का परिणाम था, कि देश 15 अगस्त 1947 को आजाद हो सका।

क्रान्तिकारी पद्‌मधर सिंह जिन्दा हैं और हमेशा जिन्दा रहेंगे जिनका भौतिक शरीर भले नहीं है किन्तु वे क्रांतिकारी इतिहास के पृष्ठों में युवा पीढ़ी को देशभक्ति का पाठ पढ़ाते रहेंगे।

शब्द मेरे बौने हैं कैसे, नमन करूँ बलिदानी को।
भारत माता के सपूत को, जन्मभूमि अभिमानी को।।
लिटा दिया मित्रों को भू में, वक्ष खोल कर खड़ा रहा।
जा प्रयाग की धरती में, गोरे से डटकर लड़ा रहा।।
मारों सीने में गोली, चिल्लाकर वह निर्भय बोला।
धरती में गिरने से पहले, भारत माँ की जय बोला।।

पद्म की प्रारंभिक शिक्षा

पद्मधर का जन्म 14 अगस्त 1914 को कृपालपुर राजघराने में हुआ। पद्मधर सिंह अपने पिता लाल प्रद्युमन सिंह के चौथे पुत्र थे।

लाल पद्मधर सिंह की प्रारंभिक शिक्षा माधवगढ़ की शाला में हुई। वही माधवगढ़ जो कभी पथरहट के नाम से जाना जाता था। पद्मधर सिंह ने यहाँ से मिडिल कक्षा तक की तालीम हासिल की। यद्यपि वे इलाकेदार घराना से थे किंतु उन्हें इस बात का किंचित भी गुमान नहीं था। गाँव में आम बच्चों के साथ पढ़ना खेलना इस बात का सबूत है कि वह बाल्यकाल से ही चुंबकीय व्यक्तित्व से परिपूर्ण थे। पद्मधर सिंह में बचपन से ही नेतृत्व करने की क्षमता परिलक्षित होने लगी थी। त्यौहारों के अवसर पर वे गाँव के सर्व साधारण व्यक्तियों को एकत्रित कर उन्हें भाईचारा तथा मिल जुलकर रहने की सीख देते थे। जातीयता एवं दलगत भावना के वे कट्टर विरोधी थे । गाँव में मुस्लिम भाइयों को भी वे होली जैसे त्यौहारों में शामिल कर उनके साथ रंग गुलाल खेलते थे तथा मुस्लिमों के त्यौहार में उनके घर जाते थे। संगठन की भावना बाल्यकाल से ही थी। वह समय कभी व्यर्थ नहीं करते थे, हमेशा अपने कुछ मित्रों के साथ रचनात्मक कार्यों में व्यस्त रहते थे।

माताजी के कुशल नेतृत्व का प्रभाव था कि ये चारों भाई पढ़ लिखकर देश के अच्छे नागरिक बन सकें तथा शासन प्रशासन के बड़े पदों तक पहुँचे सके । कहा भी जाता है कि माता बच्चों की प्राथमिक शाला होती है किंतु मुझे तो इससे आगे लगता है कि माँ बच्चे की विश्वविद्यालय होती है।

पद्मधर सिंह की माताजी ने बच्चों को पिता के न होने का आभास नहीं होने दिया। एक पिता का जो दायित्व होता है, माँ ने उसे पूरा किया। यद्यपि माता पिता को सभी बच्चे प्रिय होते हैं, किन्तु मान्यता है कि माँ का स्नेह छोटे बच्चे पर ज्यादा होता है, शायद यही कारण था की माताजी पद्मधर सिंह से ज्यादा स्नेह करती थीं। उनके जेल जाने पर सारे सुखों को त्याग कर 3 वर्ष मढुलिया में रहना इसका जीता जागता प्रमाण है। पद्मधर के स्पष्ट तथा निर्भीक बातों से कई बार परिवार के सदस्य अप्रसन्न भी हो जाते थे। वे इलाकेदारी राजतंत्र तथा सामंतवादी व्यवस्था के विरोधी थे ।

रीवा प्रस्थान तथा माँ की सीख

माधवगढ़ से मिडिल तक की शिक्षा पूर्ण करने के पश्चात लाल पद्मधर सिंह की रीवा जाने की बेला आई। यह अवसर माँ के लिए बहुत कष्टप्रद था। इधर पद्मधर सिंह माँ से बिछुड़ने की स्थिति को भांप कर बहुत दुखी थे। शायद यह पहला अवसर था जब पुत्र और माँ एक दूसरे से दूर हो रहे थे। किंतु कुछ कार्य ऐसे होते हैं, जिन्हें न चाहते हुए भी उसे करना ही पड़ता है।

माँ ने दिल में पत्थर रखकर जिगर के टुकड़े को रीवा जाने की अनुमति दे दी। माँ विदा करने के साथ कुछ सीख देती है तथा सचेत भी करती हैं।

मोहनदास करमचंद गांधी भी जब लंदन पढ़ने गये तो उनकी माँ पुतलीबाई ने नसीहत दी थी, और तीन वचन लिए थे।

लाल पद्मधर सिंह जब रीवा जा रहे थे तो उनकी माँ ने भी वचन लिया था और हिदायत दी थी। कहा था वचन दो कि मैं ऐसा कोई काम नहीं करूँगा जिससे परिवार की बदनामी हो तुम्हें रीवा में रहकर केवल शिक्षा ग्रहण करना है, याद रखना तुम से तीन बड़े भाई भी हैं, जिन्हें तुम पर गर्व है। जब तुम केवल छः माह के थे तो पिता का पुत्र के प्रति जो दायित्व था, तुम्हारे पिता जी वह मुझे सौंप कर गये थे। इसलिए मैं माँ भी हूँ और पिता भी। वहाँ जाकर तुम सभी बच्चों से मिल जुल कर रहना। छोटे-बड़े का भेद नहीं रखना। याद रखना संसार में सब कुछ मिल जाता है किंतु चरित्र गया तो फिर वापस नहीं मिलता। ध्यान रखना अपने लिये तो सब लोग जीते हैं पर संसार में जो सबके लिए जीता है इतिहास में उसी का नाम स्वर्ण अक्षरों से लिखा जाता है। जो मनुष्य सही रास्ते पर चलता है परमात्मा भी उसी के ऊपर प्रसन्न रहता है। जो व्यक्ति अपने माता पिता या गुरु से द्वेष रखता है तथा उनकी उपेक्षा करता है उसे जीवन में सुख तथा शांति नहीं मिलती।

तुम एक क्षत्रिय बालक हो इसका ध्यान रखना क्योंकि क्षत्रिय वही होता है जो सभी प्राणियों की रक्षा करता है। दुर्व्यसनों से दूर रहना, याद रखना जुँआ का दुर्व्यसन होने

के कारण युधिष्ठिर को 12 वर्ष का वनवास तथा 1 वर्ष का अज्ञात कारावास भोगना पड़ा था। संसार में सबसे बड़ी भक्ति है तो वह राष्ट्रभक्ति और सबसे बड़ा धर्म, दया और परहित। शिक्षा ग्रहण करना भी एक तप है । संसार में यश और कीर्ति उसे ही मिली जिसने घोर संघर्ष किया। जाओ मेरे लाल पढ़ो-लिखो जीवन रूपी इस संग्राम को जीतो तथा देश जाति के योग्य बन कर कुल खानदान तथा देश का नाम रोशन करो।

शाला प्रवेश एवं गोलीकांड

रीवा दरबार हाई स्कूल में अध्ययन काल के दौरान सन् 1928 में हाई स्कूल की प्रायोगिक कक्ष से शीशे का एक उपकरण प्रिज्म चोरी हो गया था। शाला के प्रधानाध्यापक एस. के. टोपे ने चोरी का आरोप पद्मधर सिंह पर मढ़ दिया। पद्मधर सिंह द्वारा कहा गया कि, 'मैंने उपकरण नहीं चुराया' । दरअसल किसी बदमाश लड़के ने यह हरकत कर के टोपे से कह दिया, कि चोरी पद्मधर ने किया है। फिर क्या टोपे ने पद्मधर के कमरे की तलाशी ली, किंतु उसे वहाँ प्रिज्म नहीं मिला । फिर भी, उसने गाली-गलौच करने के साथ मारना पीटना शुरू कर दिया। काफी देर तक यह क्रम चलता रहा। टोपे ने इतना अपमानित किया जिसे पद्मधर सिंह सहन नहीं कर सके। रोष में आकर कमरे में टँगी दुनाली बंदूक उठाया और टोपे पर फायर कर दिया जिससे वह मरा तो नहीं, किंतु बुरी तरह घायल होकर जमीन में गिर पड़ा। यह खबर पूरे शहर में आग की तरह फैल गई। तत्काल अपनी मोटर से महाराज गुलाब सिंह आ गये, घटना की जानकारी प्राप्त करने के बाद प्रशासन को कानूनी कार्यवाही का आदेश जारी कर दिया गया। रीवा के तत्कालीन जज रोशन ने दोनों पक्षों की सुनवाई करने के पश्चात पद्मधर सिंह को 7 वर्ष की जेल तथा एक हजार रुपए से दंडित किया।

एस. के. टोपे के जख्म घातक नहीं थे। इधर जेल में पद्मधर सिंह ने जिस आचरण व्यवहार तथा कर्तव्य परायणता का प्रदर्शन किया, उससे रीवा प्रशासन ने खुश होकर 7 वर्ष की सजा को कम कर 3 वर्ष में बदल दिया। जेल में पद्मधर सिंह ने हिंदी विशारद का कोर्स पूरा किया तथा आगे के शिक्षण कार्य को जारी रखा परिणाम स्वरूप किसी तरह की हानि नहीं हुई। सजा पूरी करने के बाद जब पद्मधर सिंह जेल से बाहर आए तो बुद्धिजीवी एवं छात्र वर्ग ने अभूतपूर्व स्वागत किया तथा रीवा नगर में उत्साह की लहर दौड़ पड़ी। जनता के बीच में लाल पद्मधर सिंह की छवि निर्भीक तथा स्वाभिमानी बालक की बनी। इस घटना ने पद्मधर सिंह की जीवन शैली को बदल दिया। जेल से

बाहर आने के बाद नगर के आम लोगों का जो स्नेह मिला उसने पद्मधर सिंह को परोपकार, स्वाभिमान तथा राष्ट्रभक्ति की ओर मोड़ दिया।

मजबूरी में इन्हें तुपक का, लेना पड़ा सहारा था।
यश के टोपे ने नाजायज, कुदा-कुदा कर मारा था।।
अन्यायी को नहीं झुकेंगे, सत्ता को ललकार दिया।
स्वाभिमान जागा क्षत्रिय का, तुपक उठा कर मार दिया।।

पुत्र के कारावास पर की माँ की पीड़ा

दरबार हाई स्कूल के गोली कांड के पश्चात लाल पद्मधर सिंह जेल चले गये, इधर कृपालपुर (कछिया टोला) में जब माँ ने यह खबर सुना तो दुख से विह्वल हो उठी। पुत्र के जेल जाने से इतनी आहत हुई, कि उन्होंने घर परिवार सब त्याग दिया तथा बगीचे में बने हनुमान जी की मढुलिया में रहने लगी। वहाँ अपने हाथ से सारा कार्य करती थी, कभी खाना खाती कभी नहीं खाती, मढुलिया के सामने जमीन में पड़ी रहती थी यही क्रम चलते चलाते 3 वर्ष गुजर गये। धन्य है माँ का त्याग। संसार में एक माँ ही है जो पुत्र की खुशहाली के लिए अपना सर्वस्व न्यौछावर कर देती है। माँ का पुत्र के लिए जो त्याग और समर्पण है उसे शब्दों में नहीं बाँधा जा सकता, शायद इसीलिए माँ को धरती से भी बड़ा दर्जा हासिल है।

इधर जेल में जब लाल पद्मधर सिंह ने माँ के इस अपार दुख को सुना तो व्याकुल हो उठे और वहीं पर प्रतिज्ञा किया, कि अब कभी भी ऐसा कोई कार्य नहीं करूंगा जिससे माँ को कष्ट पहुंचे।

इस संबंध में धर्म शास्त्रों में भी कहा गया है कि संसार में मनुष्य सबसे उऋण हो सकता है किन्तु माता और पिता से कभी नहीं। पद्मधर सिंह ने माताजी का दुख सुनने के बाद संकल्प लिया था कि यह मेरा जीवन अब भारत माता की सेवा के लिए अर्पित रहेगा। अब मैं वह कार्य नहीं करूंगा जिससे अपने परिवार और मातृभूमि का सम्मान कम हो। व्यक्ति के सम्मान से राष्ट्र का सम्मान बड़ा होता है तथा राष्ट्र से ही व्यक्ति का निर्माण होता है। अगर पृथ्वी माता हर तरह की पीड़ा सहकर सबका पालन पोषण करती है तो हम सब का कर्तव्य है कि हम भी अपनी मातृभूमि की भलाई के ये कार्य करें।

लाल पद्मधर सिंह जब कारावास से बाहर आये तभी माँ भी मढुलिया से घर वापस गई, शायद मां के त्याग और समर्पण का परिणाम था कि बेटे की सजा 7 वर्ष से

घटकर 3 वर्ष में परिवर्तित हो गई और पद्मधर सिंह तमाम उपलब्धियों से परिपूर्ण होकर जेल से बाहर आ गये ।

आज के वर्तमान परिवेश में सम्बंधों में जब दूरियाँ बढ़ रहीं हों सम्बन्ध केवल व्यावसायिक एवं स्वार्थपरक हो रहे हों, तब यह प्रसंग याद दिलाता है कि माता-पिता, पुत्र-भाई के सम्बन्ध कितने आत्मिक तथा प्रगाढ़ होते हैं और इन्हें कैसे निभाया जाना चाहिये। इस पर तो बहुत कुछ-लिखा जा सकता है किन्तु प्रसंग की मौलिकता भी आवश्यक है। माता के त्याग और समर्पण को शत्-शत् नमन।

जेल से रिहाई तथा आगामी योजना

जेल से रिहाई होने के पश्चात जो जन समर्थन और स्नेह मिला उसने उन्हें जन कल्याणकारी कार्यों की ओर उन्मुख कर दिया। यही कारण था कि जब वे कृपालपुर अपनी जन्मभूमि आए तो परिवार के साथ साथ आम जनता से संबंध स्थापित किये। पद्‌मधर के कुशल नेतृत्व के कारण ही उनके समर्थकों की संख्या काफी हो गई। सभी नवयुवकों को एकत्र कर आत्म सुरक्षा का प्रशिक्षण दिया तथा सभी को देश के लिए मर-मिटने की प्रेरणा दी। पद्‌मधर सिंह ने सभी नवयुवकों को एकत्रित कर सभी को लाठी चलाने का प्रशिक्षण दिया और कहा आप सब लोग लड़ाई के लिए तैयार रहें। यह एक सुनहरा अवसर है एवं हमें अंग्रेजों को यहाँ से उखाड़ फेंकना है।

जेल से निकलने के पश्चात ही दरबार इंटर कॉलेज से इंटरमीडिएट किया तथा अध्यापन कार्य के साथ-साथ सामाजिक कार्यों की ओर भी कदम बढ़ाए तथा तत्कालीन इलाकेदारों से सहायता प्राप्त कर राजपूत छात्रावास की स्थापना रीवा के घोघर मोहल्ले में करवाया, जिसमें जातीयता से ऊपर उठकर सभी वर्गों के छात्रों को रहने की अनुमति थी तथा नगर के कोने कोने में साफ सफाई का अभियान चलवाया। उनका यह अभियान सन् 1939 तक चला था।

साहित्य के क्षेत्र में पद्‌मधर सिंह ने हाथ बढ़ाया। इनके मन में साहित्य के प्रति बहुत लगाव था। आपने राजपूत 'प्रभात' नामक हस्तलिखित पत्रिका का शुभारंभ करवाया। आगे चलकर दरबार इंटरमीडिएट कॉलेज मैगनीज के अंको कथा मासिक पत्रिकाओं में पद्‌मधर सिंह की लिखी हुई अनेक मौलिक कहानियाँ प्रकाशित हुई, जिनमें मित्रता, परिवर्तन, पड़ोसी तथा बढ़ते हुए तिनके आदि महत्वपूर्ण रचनाएं थीं।

योजना के अनुसार पद्‌मधर सिंह की अभिलाषा थी कि चिकित्सीय क्षेत्र में जाकर जनता की सेवा करें। इसी उद्देश्य से उन्होंने इंटर में विज्ञान विषय को चुना

जबकि वे कला के विद्यार्थी थे। विचारों की दृढ़ता के कारण उन्होंने उसमें सफलता प्राप्त की और बीएससी करने के उद्देश्य को लेकर रीवा से इलाहाबाद विश्वविद्यालय पहुँच गये।

प्रणकर कहा पद्मधर सिंह ने, हमें आराम नहीं करना।
शर्मिंदा हो भारत माँ, हमको वह काम नहीं करना।।
नहीं मिटे जो कभी धरा से, वह इतिहास बनाना है।
अब भारत माँ को अपने, गोरों से मुक्ति दिलाना है।।

पद्मधर सिंह का प्रयाग आगमन

सन् 1940 में इलाहाबाद विश्वविद्यालय में पद्मधर सिंह ने बी.एस.सी. प्रथम वर्ष में प्रवेश प्राप्त किया, और अपने मित्र रामस्वरूप दूबे के साथ हिन्दू हॉस्टल में रहने लगे। अध्ययन का अध्याय प्रारंभ हुआ। यह काल उनके जीवन में बहुत उतार-चढ़ाव लेकर आया। देश में चल रहे आजादी के आंदोलनों से प्रभावित होकर पद्मधर सिंह ने भी विश्वविद्यालय में सेमिनार का आयोजन करवाना प्रारंभ किया, जिसमें विश्वविद्यालय के छात्रों का भरपूर सहयोग मिला। वैसे भी इलाहाबाद का आनंद भवन स्वतंत्रता आंदोलन की गतिविधियों का केंद्र था। आनंद भवन की बैठकों में सम्मिलित होने स्वयं महात्मा गांधी कई बार आये। वहाँ जो भी होता था उसका प्रभाव नगर के साथ विश्वविद्यालय के छात्रों में सर्वाधिक होता था। वर्तमान विश्वविद्यालय में घटित घटना क्रमों का नेतृत्व विन्ध्य के लाल पद्मधर सिंह कर रहे थे।

प्रयाग प्रवास में सन् 1940 से 1942 तक उन्होंने अपने मित्र डॉक्टर लक्ष्मीकांत मिश्र और मेजर बामन शंकर नेने को जो पत्र लिखे हैं उनमें से कुछ पत्र 10-10 पृष्ठ के हैं। ये पत्र शहीद साहित्य की अमूल्य निधि है। जिसमें पद्मधर सिंह का जीवन दर्शन, उनके जीवन का संघर्ष, उनके मूल्यवान त्याग, उनकी नेतृत्व शक्ति उनके संकल्प और मातृभूमि के प्रति उनके असीम प्रेम का सच्चा स्वरूप उन्हीं के शब्दों में जनमानस के सामने आता है।

लाल पदमधर सिंह वहाँ भी छात्रों की हर संभव सहायता करते हुए प्राध्यापकों और विद्यार्थियों की आंखों के तारे बनकर रहे, उन पर देश में घट रही घटनाओं का अत्यधिक प्रभाव पड़ा।

पत्रों से स्पष्ट झलकता है कि उन्हें अपने भविष्य की नहीं देश के भविष्य की अधिक चिन्ता थी। पद्मधर सिंह एक अच्छे वक्ता के रूप में भी उभरे परिणाम स्वरूप आपको कई सेमिनारों में बोलने के लिए आमंत्रित किया जाता था।

कई बार बनारस, लखनऊ, कानपुर आदि में आपको व्याख्यान देने के लिए बुलाया गया।

देश की वर्तमान परिस्थितियों ने इतना प्रभावित किया कि आपने घर परिवार का मोह त्याग दिया और गांधी जी द्वारा चलाए जा रहे भारत छोड़ो आंदोलन में कूद पड़े, फिर जिस शौर्य और साहस का परिचय दिया वह इतिहास में स्वर्णिम पृष्ठ बन गया।

विवाह न करने का संकल्प

लाल पद्मधर सिंह हिन्दू बोर्डिंग हाउस में 15-20 दिन ही रह पाये थे कि तभी 1942 का भारत छोड़ो आंदोलन प्रारंभ हो गया जिसका प्रभाव प्रयाग में अध्ययनरत लाल पद्मधर सिंह पर पड़ा।

एक बार की बात है पद्मधर सिंह मित्र मंडली के बीच बैठे थे। जब एक मित्र ने शादी का प्रस्ताव रखा तो पद्मधर सिंह ने अत्यंत गंभीर और दृढ़ स्वर में कहा, ''भारत माता के बंदी रहते शादी रचाना क्या पुत्र को शोभा देता है? शादी तो तभी होगी, जब भारत माता आजाद हो जायेंगी। गुलाम संतानों की वृद्धि में मेरा भी योगदान हो, मैं यह नहीं चाहता।''

लाल पद्मधर सिंह अत्यंत सरल स्वभाव के थे, निर्धन तथा साधारण परिस्थिति वालों के लिए उनका हृदय सहानुभूति से भरा रहता था। जमींदार घराना में जन्म लेने के बाद भी वे अहंकारी नहीं थे। भेदभाव ऊँच-नीच की भावना से बहुत दूर थे। उनका विवाह उनके सहोदर इलाकेदार के यहाँ ही करना चाहते थे किन्तु पद्मधर सिंह इस प्रस्ताव से सहमत नहीं थे। एक बार इनकी इच्छा के विपरीत शादी का कार्यक्रम निश्चित कर दिया गया। तिलक भी आ गया किंतु पद्मधर सिंह भूमिगत हो गये, अंततः तिलक चढ़ाने वालों को वापस लौटना पड़ा। यह पहला अवसर था जब पद्मधर सिंह ने अपने भाइयों की अवज्ञा की थी।

लाल पद्मधर सिंह ने खुद को देश की आजादी के लिए अर्पित कर दिया था। इसलिए दुनिया के भौतिक संबंध गौण हो गये थे। जो जीवन वसुधैव कुटुंबकम की भावना को आत्मसात कर लेता है उसके लिए पत्नी, पुत्र या अन्य रिश्ते महत्व नहीं रखते।

फिर लाल पद्मधर के जीवन के आराध्य तो महाराणा प्रताप, छत्रपति शिवाजी, अमर शहीद ठाकुर रणमत सिंह, श्यामशाह सिंह, सरदार भगत सिंह, चंद्रशेखर आजाद, सुभाषचंद्र बोस, गुरु गोविंद सिंह थे तो उन्हें अपने उद्देश्य से भला कौन डिगा सकता था।

आजाद परिंदे तो, आजादी दिलवाने आते हैं।
कार्य पूर्ण करके अपना, सुर धाम चले जाते हैं।।
लाल पद्मधर सिंह ने अपना प्रण पूर्ण किया था।
भारत की स्वतंत्रता को अपना सर्वस्व दिया था।।

पद्मधर को माँ के निधन की पीड़ा

दुर्भाग्य से मंजिल प्राप्त करने के पहले ही पूज्यनीय माता जी का 31 जनवरी 1942 को दुखद निधन हो गया। निधन तब हुआ जब वे प्रयाग में कल्पवास में थी। माँ की मृत्यु से पद्मधर सिंह बहुत आहत एवं दुखी हुए। माँ की मृत्यु के बाद उन्होंने अपने अभिन्न मित्र लक्ष्मीकांत को पत्र लिखा।

''मेरे चिरसंगी- दुख को हल्का करने के लिए मनुष्य के पास दो ही माध्यम होते हैं एक तो भरपेट रोना, दूसरा अपनी दुख गाथा अपने मित्रों को कह सुनाना। 31 जनवरी को माताजी हम सब लोगों से नाता तोड़कर परलोक सिधार गईं। तब से आज तक लगातार रो रहा हूं, क्योंकि ठुकराए हुए निराश जीवन को यदि कहीं शांति मिल सकती है तो केवल माँ की छांव में। माँ जब से मुझे छोड़कर गई हैं, तब से मैं असहाय एवं बिल्कुल निराश हूँ। मेरा अनुभव है कि सच्चा प्यार माँ, पिता, या पत्नी से ही मिल सकता है। अंधकार में भी उजाले की एक किरण होती है वह है माँ। वह माँ ही थी जब मुझे जेल हुई तब मेरी माँ को बहुत दुख हुआ था। रीवा में मैं जब तक जेल में रहा तो मेरी माँ ने घर के सुख को त्याग कर तीन वर्ष तक बगीचे के मढुलिया में रही, जब मैं जेल से बाहर आया तभी मेरी माँ भी घर आई थी।

माँ की मृत्यु के बाद मैं निडर तथा निश्चिंत हो गया हूँ। उनके रहते मैं किसी भी कर्तव्य पथ की भयानक ज्वाला में नहीं कूद सकता था, क्योंकि इससे उन्हें बहुत रंज होता था। इन सब बातों के लिए अब मैं स्वतंत्र हो गया हूँ, अब मुझे प्रेम के ऐसे बंधन न मिलेंगे जो कटंकाकीर्ण पथ की ओर बढ़ने से रोक सके। अब मैं जिस पथ में आगे बढ़ना चाहता हूँ, उसमें कोई रुकावट न होगी। समय आ गया है कि अपने देश की स्वतंत्रता प्राप्ति का लाभ उठाएं। देश की आवाज बलिवेदी की ओर बढ़ने के लिए पुकार रही है। हमारे नेताओं की भी आखिरी लड़ाई है और अंतिम प्रण भी। उन्हें नवयुवकों खासतौर से विद्यार्थी जगत से एक बड़ी उम्मीद है।

उन्हें उम्मीद है कि हम बूढ़ों को गोलियों का निशाना बनते देखकर हमारे नवयुवक बैठे न रह जायें। इस समय अगर हम पीछे रहते हैं तो हम धोखेबाज, बेईमान तथा कायर कहे जायेंगे।''

लाल पद्मधर सिंह ने माँ द्वारा दी गई सीख तथा उनके अरमानों को पूरा करने को ही सच्ची श्रद्धांजलि माना और कर्तव्य पथ की ओर बढ़ चले।

प्रयाग से रीवा क्रान्ति की तैयारी

प्रयाग प्रवासी पद्मधर सिंह के कान भारत माता की पुकार सुन रहे थे किंतु आँखें रीवा को लगातार देख रही थीं। ऐसा नहीं था कि राष्ट्रीयता की भावना कमजोर हो रही थी, अपितु इसलिए कि रीवा में उन दिनों कुछ ऐसी घटनाएं घट रही थी जो उनके चिंता का कारण बनी हुई थी।

लाल पद्मधर सिंह के एक पत्र से मालूम होता है कि वे रीवा की घटनाओं से कितने आहत थे। रीवा रियासत की स्थिति बहुत विकट हो गई थी । तत्कालीन महाराजा गुलाब सिंह को अधिकारों से वंचित कर दिया गया था। किसानों और मजदूरों का शोषण हो रहा था। विद्यार्थियों की फीस बढ़ा दी गई थी। सामाजिक सरोकार से जुड़े व्यक्तियों को गिरफ्तार कर लिया गया था। राज्य के भीतर असंतोष की ज्वाला धधक रही थी। इन सारे झंझावतों को लेकर पद्मधर सिंह बहुत उद्वेलित थे। रीवा में शासन के खिलाफ सशक्त आंदोलन की आवश्यकता थी, किंतु नेतृत्व की कमी के कारण वहाँ की जनता और किसान तथा विद्यार्थी घुट-घुट कर जी रहे थे। असंतोष रूपी आग धधक तो रही थी किंतु हवा के अभाव से बढ़ नहीं पा रही थी। मजदूर काम बंद करने को तैयार थे। बहुत से नौकरी पेशा वाले भी नौकरी छोड़ने को तैयार थे। किंतु सब एक-दूसरे का मुँह ताक रहे थे। कोई पथ प्रदर्शक तथा नेतृत्व नहीं मिल पा रहा था। कोई भी ऐसा व्यक्ति नहीं था जो इस सुनहरे अवसर का लाभ उठा सके।

पद्मधर सिंह इन सभी घटनाओं से अवगत होकर प्रयाग विश्वविद्यालय कैम्पस में घुट रहे थे। निश्चित ही इस समय थोड़ा सा भी प्रयास किया जाता तो रीवा आंदोलन का एक बड़ा केंद्र बन जाता तथा एक क्रांतिकारी इतिहास रचा जा सकता।

पद्मधर सिंह रीवा आने की फिराक में थे, अगले दिन हड़ताल करने की पूरी तैयारी थी तथा संदेश भी था कि आवाम को आंदोलन के लिए तैयार रखा जाए किंतु दुर्भाग्य था कि पद्मधर सिंह चाहते हुए भी रीवा नहीं आ सके। मन की बात मन में ही रह

गई। इधर विश्वविद्यालय में ही आंदोलन की आग भड़क उठी अतः पद्मधर सिंह वही उलझ कर रह गये ।

पद्मधर सिंह के इस पत्र से मालूम होता है कि उन्हें देश, समाज तथा अपने मातृभूमि के लिए कितनी चिंता थी।

नदी नहीं नक्शा बनवाती, चल कर सागर आ जाती।
करके अम्बर पार सूर्य की, किरण धरा पर छा जाती।।
श्रद्धा साहस शौर्य भक्ति को, कभी न आंका जा सकता।
मोम के बल से कोहिनूर को, कभी न टांका जा सकता

बलिदान दिवस के पूर्व का घटनाक्रम

भारत छोड़ो आंदोंलन में इलाहाबाद नगर का महत्वपूर्ण स्थान है। 8 अगस्त सन् 1942 को सांयकाल 8 बजे मौलाना अबुल कलाम की अध्यक्षता में महात्मा गाँधी के द्वारा भारत छोड़ो की घोषणा की गई। यह समाचार सम्पूर्ण भारत में बिजली की तरह फैल गया। ब्रिटिश साम्राज्य के विरुद्ध भारत में धीरे - धीरे असन्तोष की चिन्गारी सुलग रही थी, जिसकी यह भयंकर ज्वाला विस्फोट बनकर भारत छोड़ो प्रस्ताव के रूप में सर्व सम्मति से स्वीकृत हो गई। इस आंदोलन की घोषणा के तत्काल बाद, मौलाना आजाद, महात्मा गाँधी, सरदार बल्लभ भाई पटेल, जवाहर लाल नेहरू आदि मूर्धन्य दिग्गज नेता बन्दी बना लिए गए, अन्य नेता जो अधिवेशन में शामिल हुए थे, सभी अपने-अपने कार्यस्थल में पहुँचने के पूर्व ही जेल भेज दिए गये।

9 अगस्त 1942 को शाम 5 बजे इलाहाबाद विश्वविद्यालय के विद्यार्थियों ने एक बड़ा जुलूस निकाला यह जुलूस अलबर्ट रोड होते हुए पुरषोत्तम दास पार्क पहुँचा। इसके बाद यहाँ से पुनः विद्यार्थियों का हुजूम पूरे शहर में घूमा और पुनः इसी पार्क में आकर सभा में तब्दील हो गया। कई विद्यार्थियों के भाषण हुए और दूसरे दिन पुनः 2 बजे जुलूस निकालने का निश्चय किया गया। इस समय तक सभी नेतागण बन्दी बनाए जा चुके थे, अतः विद्यार्थियों ने इस आंदोलन की कमान संभाल ली।

10 अगस्त 1942 को भी सम्पूर्ण शहर में झण्डा जुलूस निकाला गया। महत्वपूर्ण बात यह थी कि इस दिन का नेतृत्व दो महिलाओं ने किया। यूनियन हाल में विशाल सभा हुई जिसमें छात्र नेताओं के जोशीले भाषण हुए।

11 अगस्त 1942 को भारत छोड़ो आंदोलन के अविस्मरणीय दिनों में इलाहाबाद नगर तथा सम्पूर्ण जिले में नागरिकों ने राष्ट्रीय गतिविधियों में तन-मन-धन से भाग लिया। ग्रान्ट ट्रंक मार्ग पर स्थित एक छोटे से गाँव में सैदाबाद के किसानों ने जुलूस

निकाला। पुलिस ने जुलूस को तितर-बितर करने का प्रयास किया किन्तु सफल न होने पर मजिस्ट्रेट ने गोली चलाने का आदेश दे दिया जिसके परिणामस्वरूप किसानों ने इंकलाब जिंदाबाद के नारे के साथ जुलूस निकाला, अन्ततः उन्हें गोलियों के बौछार का सामना करना पड़ा।

इधर विश्वविद्यालय परिसर में सभा का अयोजन किया गया जिसने एक विशाल जुलूस का रूपधारण कर लिया। पूरे नगर में धारा 144 लगा दी गई जिसका उल्लंघन होने पर पुलिस ने लाठी चार्ज किया।

पद्मधर सिंह का बलिदान दिवस

12 अगस्त 1942 का दिवस क्रान्तिकारी गतिविधियों से भरा हुआ था। नेशनल हेराल्ड के पृष्ठ पर दृष्टि दौड़ाते हुए, लाल पद्मधर सिंह देशव्यापी हलचल के समाचार पढ़ने में तल्लीन थे, जिसमें अनेक स्थानों पर ब्रिटिश शासन तथा आजादी के दीवानों के बीच मुठभेड़ के समाचार छपे थे, जिन्हें पढ़कर पद्मधर सिंह का खून खौल उठा।

12 अगस्त ठीक 11 बजे जुलूस निकाला गया। जुलूस को दो हिस्सों में विभाजित किया गया। एक कचेहरी की ओर बढ़ गया तथा दूसरा कर्नलगंज इण्डियन प्रेस के रास्ते से गया। जैसे ही जुलूस इण्डियन प्रेस के पास पहुँचा वैसे ही कचेहरी के लोगों ने गोली चलने की आवाज सुनी। अतः लोग कम्पनी बाग के अन्दर से जुलूस को घुमाकर कचेहरी के तरफ बढ़ने लगे, जुलूस में लड़कियाँ आगे चल रहीं थी। इस जुलूस में हेमवती नंदन बहुगुणा, नारायण दत्त तिवारी, विश्वनाथ प्रताप सिंह देवरिया भी शामिल थे। छात्र एवं छात्राओं की टोलियां इंकलाब जिन्दाबाद, भारत माता की जय, अंग्रेजों भारत छोड़ो के नारे लगाते हुए आगे बढ़ रहे थे। भीड़ को तितर-बितर करने के लिए तत्कालीन पुलिस अधीक्षक एस.एन. आगा ने आँसू गैस के गोले दगवाए, इससे जब बात नहीं बनी तो लाठी चार्ज का आदेश दिया, किन्तु इंकलाबी नायक-नायिकाओं के हौंसले को कमजोर न कर सका। इंकलाबी नारों की गूँज कम नहीं हुई, तो अंग्रेज अधिकारी डिक्सन ने गोली चलाने का आदेश दिया। दस-दस मिनट के अन्तराल में सिपाहियों ने ताबड़-तोड़ फायरिंग की।

घण्टों तक हुई पुलिस की इस फायरिंग से बचने के लिए घायल आंदोलनकारी जमीन पर लेट गये। फायरिंग रुकी तो लेटे हुए छात्र खड़े हो गये और कारवां आगे बढ़ने लगा। इस दरमियान भीड़ में कुछ असामाजिक तत्व दाखिल हो गये, जिन्होंने पुलिस पर पत्थर बरसाना शुरू कर दिया, यह देखकर पद्मधर सिंह चिल्ला उठे, पत्थर मत फेंको,

पत्थर मत फेंको । रुकी हुई पुलिस फायरिंग पुनः चालू हो गई । तभी भयभीत होकर कुछ युवा पीठ दिखाकर भागने लगे। पद्‌मधर सिंह दहाड़ उठे, ''धिक्कार है ऐसे जीवन पर, वापस लौटो'' यह सुनकर भागने वाले युवा फिर वापस लौट पड़े । वीरांगना नयनतारा सहगल हाथ में झण्डा लिए लगातार आगे बढ़ रहीं थीं, जब पद्‌मधर सिंह को यह भान हुआ कि अंग्रेज सिपाही नयनतारा पर गोली चला सकते हैं, तो उन्होंने नयन तारा को लेट जाने के लिए कहकर उनके हाँथ से झण्डा अपने हाँथ में ले लिया, और सिंह गर्जना करते हुए ''इंकलाब जिन्दाबाद'' ''भारतमाता की जय'' ''वन्दे मातरम्'' के नारे लगाते हुए हाँथ में तिरंगा लिए आगे बढ़ने लगे। उनका यह अद्‌भुत साहस देखकर अंग्रेज सिपाही आश्चर्यचकित एवं भयभीत थे। इतने में डिक्सन ने पद्‌मधर सिंह पर गोली चलाने का आदेश दिया। भीड़ से आवाज आई, पद्‌मधर लेट जाओ, पद्‌मधर सिंह ने कहा नहीं, मैं झुकना नहीं जानता। अगले ही पल एस.पी. आगा की बन्दूक से निकली गोली सिंहनी के शावक के वक्षस्थल को चीरती हुई निकल गई। पद्‌मधर सिंह, उसी गर्जना के साथ हाँथ में झण्डा थामे हुए, तब तक नारे लगाते रहे, जब तक उनके शरीर से प्राण नहीं निकल गये। इस प्रकार आजादी के उस मतवाले वीरव्रती योद्धा ने अपने जीते जी तिरंगे को झुकने नहीं दिया। उन्होंने अपना प्राणोत्सर्ग कर, माँ भारती के चरणों में अपना जीवन समर्पित कर दिया। प्रयागराज की पावन धरा में, कृपालपुर के लाल ने स्वातंत्र्य यज्ञ में अपने प्राणों की आहुति देकर क्रांति की ऐसी ज्वाला जलाई, जिसने 15 अगस्त 1947 का मार्गप्रशस्त कर दिया जो सफर 14 अगस्त सन् 1914 से प्रारंभ हुआ था, वह 12 अगस्त1942 को समाप्त हो गया तथा एक विशाल व्यक्तित्व, इतिहास का स्वर्णिम पृष्ठ बन गया।

श्रद्धांजलि एवं देह तर्पण

सायंकाल यूनियन हाल के सामने विद्यार्थियों की एक विशाल सभा हुई जिसमें कई लोगों के जोशीले भाषण हुए। शहीद पद्मधर सिंह को श्रद्धांजलि देने के साथ-साथ उनके खून का बदला लेने का आह्वान तथा निश्चय किया गया। ऐसा क्षोभ एवं रोष प्रायः किसी जनसमूह में बहुत कम देखने को मिलता है। प्रत्येक विद्यार्थी ऐसा महसूस करता प्रतीत होता था जैसे उसके अपने सगे सहोदर की हत्या हो गई हो जिसके कारण मृत्यु के दुःख तथा हत्यारे के प्रति रोष से भरा हुआ हो।

शहीद पद्मधर सिंह का शव तिरंगे झंडे में लपेटकर सीनेट हाल के बरामदे में रखा गया, फिर उस पर विश्वविद्यालय के विद्यार्थियों एवं शिक्षकों ने पंक्तिबद्ध होकर क्रम-क्रम से सभी ने पुष्प अर्पित किये तथा खड़े रहकर श्रद्धांजलि अर्पित की। उस समय पर वहाँ कई हजार विद्यार्थी एवं शिक्षक उपस्थित थे। उसी दिन संध्या समय उप कुलपति के आदेश से विश्वविद्यालय को अनिश्चित काल के लिए बंद कर दिया गया।

13 अगस्त को प्रातः दाह संस्कार के लिए ले जाने से पूर्व उनके पार्थिव शरीर को विश्वविद्यालय के सुप्रसिद्ध वटवृक्ष के सामने वाले बरामदे में लिटाया गया। शरीर तिरंगे से ढका हुआ था तथा नेत्र खुले हुए थे कर्तव्य की पूर्ति का संतोष चेहरे से स्पष्ट झलक रहा था। भारत माता के सपूत को छात्र, शिक्षक, मित्र सभी ने सजल नेत्रों से श्रद्धा सुमन अर्पित किया। आज लाल पद्मधर सिंह मातृभूमि के कर्ज से मुक्त हो गए थे। विशाल जनसमूह की उपस्थिति में पावन त्रिवेणी घाट में अंतिम संस्कार कर दिया गया।

यह खबर जब गांधी जी एवं नेहरू जी को मिली तो उनकी आंखें भर आई मौलाना अबुल कलाम आजाद इस बलिदान से बहुत प्रभावित हुए तथा उन्होंने इस घटना का जिक्र सारे भारत वर्ष में किया। 29 वर्ष की उम्र के इस युवक का यह बलिदान इस बात का साक्षी है कि शहीद वर्षों में नहीं संघर्षों में जीता है। जब-जब भारत माता के आजादी की चर्चा होगी तब तब देश के खातिर प्राण न्यौछावर करने वाले दीवानों में शहीद पद्मधर सिंह का नाम गर्व से लिया जायेगा।

अमीर रजा की बयानी

भूतपूर्व सब डिवीजनल अफसर श्री अमीर रजा घटना के समय वहीं पर सामने अपने कमरे में थे और उन्होंने आँखों देखा बयान दिया था - ''मैंने निकट से देखा था कि पद्मधर सिंह की कानूनन नहीं जानबूझ कर उनकी हत्या की गई। दो सौ निहत्थे छात्रों पर गोली चलाना वीरतापूर्ण कार्य नहीं था। उन लोगों ने एक घण्टे से अधिक समय तक गोली का सामना किया, इस स्थिति में लाठी और गोली की वर्षा की गई, जो सर्वथा अनुचित था। मैं निश्चित रूप से कह सकता हूँ कि पुलिस ने 10-10 मिनट पर 5 या 6 बार गोली चलाई। गोली चलाने पर भी सभी छात्र अपने स्थान पर लेट गये थे। केवल एक लड़की खड़ी थी जो तनिक भी नहीं घबराई, एक छात्र भी झण्डा लिए खड़ा था। यह देखकर कुछ घुड़सवार पुलिस की आँखों से आँसू आ गये थे।''

एक छात्र पुलिस के बगल में खड़ा था, और कह रहा था कि, हम सभी भाई हैं। वह वीर छात्र गोली चलते रहने पर भी उनके बीच खड़ा था और अपनी बात दोहराता रहा। पुलिस उनके कथन से इतनी प्रभावित हुई कि, लज्जावश अपने मुँह को दूसरी ओर फेर लिया। इतना ही नहीं तत्कालीन जिला मजिस्ट्रेट डिक्सन का चेहरा उस स्थिति को, देखकर उदासीन हो गया था। वे जब अपने अदालत के कमरे में जा रहे थे उनके पैर लड़खड़ा रहे थे। डिप्टी सुपरीटेन्डेन्ट पुलिस एस.एन. आगा और सिटी मजिस्ट्रेट श्री एन्थोनी के रुख में कोई परिवर्तन नहीं हुआ। इस सरकारी नीति के विरोध में श्री अमीर रजा ने डिप्टी कलेक्टर के पद से इस्तीफा दे दिया।

स्वतंत्रता आन्दोलन में प्रयाग का योगदान

असहयोग आन्दोलन प्रारम्भ होने के पहले श्रीमती एनीबेसेन्ट तथा लोकमान्य तिलक के नेतृत्व में चलने वाले, होमरूल आन्दोलन को भी प्रयागराज ने सर्वाधिक समर्थन दिया। अंग्रेज शासकों के खिलाफ कड़ी भाषा का उपयोग करने के कारण श्रीमती एनीबेसेन्ट को गिरफ्तार कर लिया गया। उनकी गिरफ्तारी के कारण पूरे देश में एक आन्दोलन की विशाल लहर उमड़ पड़ी और इस लहर के चलते बहुत से ऐसे लोग भी स्वतंत्रता आन्दोलन की ओर आकर्षित हुए, जो अब तक तटस्थ थे। इलाहाबाद उस समय उदीयमान बुद्धजीवियों और बैरिस्टरों का शहर था, जहाँ पण्डित मोतीलाल नेहरू, तेजबहादुर म.प्र., मदनमोहन मालवीय जैसे महत्वपूर्ण नेता निवास करते थे। अपनी परम्परा के अनुसार इलाहाबाद ने इस बार भी संघर्ष करके आगे बढ़ने की परम्परा का पालन किया। जेल से छूटने के बाद 2 अक्टूबर 1914 को श्रीमती एनीबेसेन्ट जब इलाहाबाद आईं तो उनका अभूतपूर्व स्वागत किया गया।

भारत के मंच पर गाँधी जी के प्रवेश के साथ जो परिवर्तन घटित हुए, उनमें इलाहाबाद की महत्वपूर्ण भूमिका थी। असहयोग आन्दोलन का सबसे पहला समर्थन अखिल भारतीय खिलाफत काँग्रेस ने सन् 1920 में अपने इलाहाबाद अधिवेशन में ही दिया।

सविनय अवज्ञा आन्दोलन के सिलसिले में जवाहरलाल नेहरू ने इसी समय पहली बार जेल की यात्रा की। सन् 1929 में लाहौर अधिवेशन की अध्यक्षता श्री जवाहरलाल नेहरू ने किया। उन्हीं की अध्यक्षता में लाहौर काँग्रेस के अवसर पर रावी नदी के तट पर 26 जनवरी को काँग्रेस ने पूर्ण स्वतंत्रता का निश्चय किया। यह पहला ऐतिहासिक निर्णय था, जिसने अब तक के चले आ रहे स्वतंत्रता आन्दोलन को एक निर्णायक मोड़ दिया। इसी समय के आसपास पं. मोतीलाल नेहरू ने अपना निवास स्थान 'आनन्द भवन' राष्ट्र को समर्पित कर दिया।

1928 से 1947 तक अखिल भारतीय काँग्रेस का प्रधान कार्यालय इलाहाबाद में ही रहा। नमक सत्याग्रह आन्दोलन में गाँधी जी के आदेश पर राष्ट्रीय काँग्रेस जवाहरलाल नेहरू जी के नेतृत्व में इस महान संघर्ष में आ गई। जवाहरलाल नेहरू ने गिरफ्तार होने के पहले अपने पिता पं. मोतीलाल नेहरू जी को अध्यक्ष पद का उत्तराधिकारी बनाया। मोतीलाल नेहरू जी ने अस्वस्थ होते हुए भी नमक सत्याग्रह आन्दोलन को अपनी पूरी ताकत से आगे बढ़ाया और संघर्ष करते-करते मृत्यु को वरण कर लिया। पत्नी स्वरूप रानी ने महिलाओं के जत्थे का नेतृत्व करते हुए, सड़क पर पुलिस की मार खाकर बेहोश होकर गिर पड़ी थीं।

किसान आन्दोलन की नींव इलाहाबाद में, असहयोग आन्दोलन के दिनों में ही पड़ चुकी थी। बाद में 1931 के लगान बन्दी आन्दोलन में, उसी चेतना का विकास हुआ। इस आन्दोलन में इलाहाबाद की हंडिया तहसील ने महत्वपूर्ण कार्य किया।

13 अगस्त 1942 को भारत छोड़ो आन्दोलन, पूरे जोश के साथ चल रहा था। इसमें भाग लेने वाले निम्नानुसार हैं सत्याग्रही अँग्रेजी पल्टन की गोलियों से शहीद हुए।

1. श्री भगवती प्रसाद (24 वर्ष) मिल में काम करते थे और बादशाही मण्डी इलाहाबाद के निवासी थे।
2. श्री अब्दुल मजीद आप सब्जी मण्डी इलाहाबाद के निवासी थे आपकी उम्र 18 वर्ष थी।

14 अगस्त सन् 1942 के दिन आन्दोलन और पुलिस का दमन चक्र दोनों जोर शोर से चल रहे थे। जिले और शहर दोनों जगह पुलिस ने गोली चलाई। निम्नांकित देशभक्तों ने आत्मोत्सर्ग किया।

1. श्री द्वारिका प्रसाद उम्र (22 वर्ष) आप विद्यार्थी थे और हीवेट रोड इलाहाबाद के निवासी थे।
2. श्री लल्लन मिश्रा - आप किसान तथा समाजसेवी थे आप तहसील करछना में, करमा गाँव के निवासी थे।

17 अगस्त 1942 के दिन कीटगंज निवासी श्री महावीर जो एक दुकान के मालिक थे। जमुना के पुल पर ब्रिटिश पुलिस के आदेशों का उल्लघंन करने के कारण गोली से मार डाले गये।

24 अगस्त 1942 के दिन ब्रिटिश पुलिस ने सभाओं पर रोक लगा रखी थी, किन्तु श्री हजारी राम पाण्डेय ने, जो हंडिया तहसील के वनकट के निवासी थे और उत्पाती सत्याग्रही थे, इन्होंने इस आज्ञा का उल्लघंन किया और पुलिस की गोली से मारे गये, आप 34 वर्ष के थे। इन सभी घटित घटनाओं से कहा जा सकता है, कि स्वतंत्रता आन्दोलन में, प्रयागराज ने अभूतपूर्व धैर्य, साहस और वीरता का परिचय दिया।

हस्तलिखित पद्मधर का अन्तिम पत्र

यहाँ ठाकुर का सम्बोधन
लक्ष्मीकान्त मिश्र को किया गया है

श्री,
(1)

81. Hindu Boarding
University of
Allahabad
7.8.42

मेरे ठाकुर,

बहुत दिनों से तुम्हें लिखने को सोच रहा
हूं लेकिन हर दिन एक न एक ऐसी नई उलझन में फंसता
गया कि एक एक करते हुये इतने लम्बे दिन तुम्हें बिना कुछ
लिखे निकल गये। जब से - जबसे कि हम तुम अलग हुये
मुझे इधर उधर कहां कहां भटकना पड़ा, कितने मानसिक
उथल पुथल के गोते लगाने पड़े उसे यदि एक ही पत्र
में एक एक करके लिखना शुरू करूंगा तो शायद
फिर ये पत्र तुम्हारे पास न पहुंच सकेगा। अतः
थोड़े ही में सब कुछ लिख दूंगा। मैं तुम्हारे जाने पर घर
में पांच छः दिन रहा। कोई घर का सयाना मुझसे पूछने
वाला न था कि आगे मैं क्या करूंगा। लेकिन अपनी जिम्मेदारी
तो मुझ पर थी। मेरे भविष्य का ~~[illegible]~~ सीधा कार्य क्रम तो
यही था कि मैं एक साल और पढ़कर B.Sc समाप्त करता
लेकिन B.Sc करके ही फिर क्या करूंगा यही एक सवाल मेरे सामने
उठा। या तो LL.B. या तो M.Sc.। फिर उसके आगे? मुझे
कोई संतोषजनक उत्तर न मिला। जब मनुष्य का एक निश्चित
साध्य नहीं रहता तो फिर ~~[illegible]~~ दसों दिशाओं पक्ष उसकी
नजरों के सामने आने लगते हैं। B.Sc. करने के अलावा

तीन बातें और मेरी समझ आई या तो [illegible] से डाका डालूँ। कैसे प्रयत्न करना, या सिवा आन्दोलन में भाग लेना या फौज में भर्ती होना। ये सब बातें मैं ने भाई सा० के सामने रक्खीं। उन लोगों ने दो आखिरी बातों का जोरों से विरोध किया नौकरी के लिये कहा और यह भी कहा कि राजा बहादुर को लखनऊ कोर्ट कालेज से बहुत हाथ है और उन्होंने हमसे सब [illegible] कर देने को पहले भी कहा था। तमाशा तो दोनों कि राजा बहादुर ने उनसे कहा था लेकिन अब तक आप यहाँ निद्रा में सो रहे थे और यह भी बतलाया तो मैं पूछते थे। तो भी मुझे बहादुर और लखनऊ जाना पड़ा। राजा सा० से मिला। उन्होंने कहा कि हम सब कुछ करते लेकिन अब तो बहुत देर हो चुकी है। सचमुच जब मैं लखनऊ पहुंचा उसके पांचवें दिन से इम्तहान शुरू होने वाला था। खैर, वहां से लौटा। सिवा जनता की ओर से एक डेपुटेशन इन्दौर जा रहा था मेरा भी उस में नाम था। भाग्य वश (या अभाग्य वश) जब मैं सतना स्टेशन से मेल ट्रेन से उतरा तो उसी ट्रेन से जाने के लिये सब लोग आये हुये थे। विद्यार्थी समाज के गोविंद नारायण, यादवेन्द्र सिंह, अविनाश चंद आदि थे। उन लोगों ने मुझे पकड़ लिया। मैं अपना सामान

(3)

गिरफ्तार किया जा चुका था। अतः सिर्फ एक कमीज और पायजामा पहने, बिना सामान के मुझे इन्दौर के लिये रवाना हो जाना पड़ा। वहां आठ नौ दिन रहा। जो कुछ हुआ उसे अखबारों में पढ़ ही चुके होंगे। १८ जुलाई को वहां से लौट आया। लखनऊ गया पर मालूम हुआ कि लड़के फीस बढ़ने के विरोध में strike करने वाले थे। वहां भी बहुत टेढ़ा मामला पाया एक नेता की आवश्यकता थी। खैर, एक आध दिन रह कर वहां से इलाहाबाद के लिये रवाना हो गया। भाई सा: ने हॉस्टल में रहने को कहा था। मैं अपना फार्म आ कर पहले ही जब लखनऊ जाने लगा था - हॉस्टल में दे गया था। लेकिन मैं यहां २१ ता: को पहुंचा। देर से आने के कारण कमरा भी अभी नहीं मिला है और मैं दूसरों के रूम में पड़ा हूं।

घर तो हमने छोड़ दिया मेरी उस दिन से आज तक की कहानी जिस में मुझे मिला क्या - ~~असफलता~~ असफलता, असफलता और एक अजीब उलझन। वर्तमान वातावरण और परिस्थितियां तथा मेरी असफलताओं ने निश्चय और अनिश्चय के मध्य एक संघर्ष छेड़ दिया है और मैं पागल की तरह रात दिन पड़ा पड़ा यही सोचता रहता हूं कि क्या करूं क्या न करूं। बाकी

तुम जुगल हँसता आते हो और शायद मेरी इन बातों को सुनकर और हँसोगे! ठीक है ईश्वर ने तुम्हें हंसने के लिये जन्म दिया है। तुम्हें एक स्वर्णमय भविष्य मिला है। ~~तुम्हारे सामने~~ बड़ी बड़ी इच्छायें हैं, बड़ी बड़ी आशायें हैं जो एक स्वच्छ ~~[illegible]~~ दर्पन की तरह तुम्हारी आँखों के सामने स्वच्छ हैं। तुम्हारा साफ सुथरा मार्ग है। तुम्हें इधर उधर मुड़ने की आवश्यकता नहीं। ~~[illegible]~~ लेकिन- उसी ईश्वर ने मुझे रोने के लिये जन्म दिया है और दिया है एक अंधकारमयी मार्ग ---- भाई तुम शायद उस हृदय की गति को न समझ सकोगे जिसके जीवन की समस्यायें सूखे पत्ते की तरह समय के झोंके से कभी इधर लड़खड़ाती हैं और कभी उधर। तो भी तुम मेरे सगे मित्र थे। इस नाते से तुम उस जहर से-जो मुझमें फैला है - अछूते न बचोगे। तुम्हें यदि अपने बारे में नहीं तो भी बारे में सोचना होगा। एक मित्र के नाते अपनी सच्ची सलाह देना होगा। चाहे मैं इसे मानूं या न मानूं। आज यदि मैं अपने मानसिक भावों को अपने सुहृदों से नहीं बताता, उनकी सलाह नहीं लेता और एकाएक आगे में कूद पड़ता हूं तो फिर भी शायद तुम्हीं कहो कि तुम उतावलापन कर गये थे। इसलिये तुम्हारी भी सलाह ले लेना अपना कर्तव्य समझता हूं।

(8)

अच्छा तो सुनो :-

उन दिनों जब मैं जेल गया था तब मेरी माँ को वही दुख हुआ था जो एक बच्चे की माँ को होता है। तीन वर्षों तक उन्होंने घर को छोड़ रखा था। एक बगीचे में एकान्त की झोपड़िया में पड़ी रहती थीं अपने हाथ खाना पकाना और बालक से खेलना - इसी को उन्होंने सुख माना था। छूटने पर मैंने यह प्रण किया था कि माँ आज मैं कोई ऐसा काम न करूँगा, जिससे तुम्हें दुख हो। माँ को खुश रखने के लिये मैंने अपने को एक बंधन में डाल दिया था। अब बच्चे के दुख से दुखी होने वाली वह माँ का हृदय नहीं रहा। माँ की मृत्यु के बाद मैंने शायद तुम्हें भी लिखा था कि अब मैं कर्तव्य की तेज से तेज ज्वाला में कूद सकता हूँ - अब मैं स्वतंत्र हूँ। भाई, अब ऐसा समय आ गया है कि मुझे उस स्वतंत्रता

पद्मधर सिंह का अंतिम पत्र

(मूल पत्र का अनुवाद)

81 हिंदू बोर्डिंग इलाहाबाद यूनिवर्सिटी, 07.08.42

मेरे ठाकुर (ठाकुर का संबोधन मित्र लक्ष्मीकांत मिश्र के लिए है) इलाहाबाद दिनांक 07.08.1942 बहुत दिनों से तुम्हें पत्र लिखने की सोच रहा हूँ लेकिन हर दिन एक न एक नई उलझन में फंसता गया कि एक-एक दिन करते हुए इतने दिन तुम्हें बिना कुछ लिखे निकल गये। तब से जब से कि हम तुम अलग हुए। मुझे इधर-उधर कहाँ-कहाँ भटकना पड़ा कितने मानसिक उथल-पुथल में गोते लगाने पड़े उसे यदि एक ही पत्र में लिखना शुरू करूँगा तो शायद फिर से यह पत्र तुम्हारे पास ना पहुँच सकेगा। अतः थोड़े से ही शब्दों में सब कुछ लिख दूँगा। मैं तुम्हारे जाने पर घर में पांच छः दिन रुका। कोई घर का सयाना मुझसे पूँछने वाला न था कि आगे मैं क्या करूँगा लेकिन अपनी जिम्मेदारी तो मुझ पर थी।

मेरे भविष्य का सीधा कार्यक्रम तो यही था कि मैं एक साल और पढ़कर बी.एस.सी. समाप्त करता। लेकिन बी.एस.सी. करके फिर क्या करूँगा यही एक सवाल। मेरे सामने उठा या तो एल.एल.बी. या एम.एस.सी.। मुझे कोई संतोषजनक उत्तर ना मिला जब मनुष्य का एक रास्ता साफ नहीं रहता तो फिर दूसरे-दूसरे पथ उसकी नजरों के सामने आने लगते हैं। बी.एस.सी. करने के अलावा तीन बातें और मेरे सामने आई या फिर से डॉक्टरी के लिए प्रयत्न करना या रीवा आंदोलन में भाग लेना या फौज में भर्ती होना। यह सब बातें मैंने भाई साहब के सामने रखी। उन लोगों ने दो आखरी बातों का जोरों से विरोध किया।

डॉक्टरी के लिए कहा और यह भी कहा कि राजा भदरी लखनऊ मेडिकल कॉलेज में बहुत ठीक है और उन्होंने सब ठीक कर देने को पहले भी कहा था। तमाशा तो देखो कि राजा भदरी ने उनसे कहा था लेकिन अब तक आप गहरी निद्रा में सो रहे थे। और

वह भी बतलाया तो मेरे पूँछने पर तो भी मुझे भदरी और लखनऊ जाना पड़ा। उन्होंने कहा था हम सब कुछ करते लेकिन अब तो बहुत देर हो चुकी है। सचमुच जब मैं लखनऊ पहुँचा उसके पाँचवें दिन से इम्तिहान ही होने वाला था खैर वहाँ से लौटा जनता की ओर से एक डिपुटेशन इंदौर जा रहा था मेरा भी उसमें नाम था भाग्यवश या अभाग्य वश जब मैं सतना स्टेशन पर मेल से उतरा तो उसी ट्रेन से जाने के लिए सब लोग आये थे। विद्यार्थी समाज में गोविंद नारायण सिंह, अविनाश चंद्र आदि उन लोगों ने मुझे पकड़ लिया। मैं अपना सामान लारी खाने भेज चुका था। अतः सिर्फ एक कमीज और पायजामा पहने बिना सामान के मुझे इंदौर के लिए रवाना हो जाना पड़ा वहाँ आठ-नौ दिन रहा जो कुछ हुआ उसे अखबारों में पढ़ चुके होंगे। 16 जुलाई को वहाँ से लौट आया। रीवा गया यह सुनकर कि लड़के फीस बढ़ाने के विरोध में स्ट्राइक करने वाले हैं वहाँ भी बहुत ढीला मामला पाया एक नेता की आवश्यकता थी। खैर एक भारी दिल लेकर इलाहाबाद के लिए रवाना हो गया । भाई साहब ने हॉस्टल में रहने को कहा। अपना फार्म भरकर पहले ही जब लखनऊ जाने लगा था हॉस्टल में देता गया था। वहाँ पर 29 तारीख को पहुँचा। देर में आने के कारण भी अभी नहीं मिल रहा और मुन्नी के रूम में पड़ा हूँ। यह रही थोड़े में मेरी उस दिन से आज तक की कहानी जिसमें मुझे मिला था, भटकना, असफलता और एक अजीब भटकन। वर्तमान वातावरण और परिस्थितियां तथा मेरी असफलताओं के निश्चय और अनिश्चय के मध्य एक संग्राम छेड़ दिया गया और पागल की तरह मैं यही सोचता रहा कि क्या करूँ क्या न करूँ। ठाकुर तुम मुझ पर हँसा करते थे और शायद मेरी इन बातों को सुनकर और भी हँसोगे। ठीक है ईश्वर ने तुम्हें हँसने के लिए जन्म दिया है। तुम्हें एक स्वर्णिम भविष्य मिला है। बड़ी -बड़ी इच्छायें हैं।

बड़ी-बड़ी आशाएं हैं। जो एक स्वच्छ दर्पण की तरह तुम्हारी आंखों के सामने स्वच्छ है। तुम्हारा साफ-सुथरा मार्ग है तुम्हें इधर-उधर मुड़ने की आवश्यकता नहीं है। लेकिन उसी ईश्वर ने मुझे रोने के लिए जन्म दिया और दिया है कन्टकाकीर्ण मार्ग। भाई तुम उस हृदय की गति को न समझ सकोगे जिससे जीवन की समस्याएं सूखे पत्ते की तरह समय के झोंके से कभी इधर लड़खड़ाती है कभी उधर। तो भी तुम मेरे सगे मित्र हो।

इस नाते में तुम उस जहर में जो मुझमें फैला हुआ है - अछूते न बचोगे तुम्हें यदि अपने बारे में नहीं तो मेरे बारे में सोचना होगा। एक मित्र के नाते अपनी सच्ची सलाह देना होगा।

मैं उसे मानू या न मानू। आज यदि मैं अपने मानसिक भावों को अपने सुहृदयों से न बताता उनकी सलाह नहीं लेता और एकाएक अग्नि में कूद पड़ता हूँ कि शायद तुम ही कहो कि उतावलेपन के शिकार हो गये। इसलिए तुम्हारी भी सलाह लेना अपना कर्तव्य समझता हूँ- अच्छा तो सुनो उस दिन जब मुझे जेल हुई थी तब मेरी माँ को वही दुख हुआ था, जो एक बच्चे की माँ को होता है। 3 वर्षों तक उन्होंने घर को छोड़कर रखा था।

एक बगीचे में हनुमान जी की मढुलिया में पड़ी रहती थीं। अपने हाँथ खाना बनाना और जमीन में लेटना-इसी को उन्होंने सुख माना था। छूटने पर मैंने यह प्रण किया था कि माँ अब मैं कोई ऐसा काम न करूँगा जिससे तुम्हें दुख हो। माँ को खुश रखने के लिए मैंने अपने को एक बंधन में डाल दिया था। अब बच्चे के दुख से दुखी होने वाली माँ का हृदय नहीं रहा। माँ की मृत्यु के बाद शायद मैंने तुम्हें भी लिखा कि अब मैं कर्तव्य की तेज से तेज ज्वाला में कूद सकता हूँ। अब मैं स्वतंत्र हूँ। भाई अब ऐसा समय आ गया है कि मुझे इस स्वतंत्रता से लाभ उठाना चाहिए, देश की आवाज बलिवेदी की ओर बढ़ने के लिए पुकार रही है। हमारे नेताओं की यह आखिरी तैयारी है आखिरी लड़ाई है और अंतिम आह्वान है और शायद बहुतों का अंतिम प्रण है। उन्हें हम नवयुवकों से विशेषकर विद्यार्थी जगत से एक बड़ी आशा है कि हम बूढ़ों को गोलियों का निशाना बनते देखकर हमारे नवयुवक बैठे न रह जाये। इस वक्त अगर हम पीछे हटते हैं तो हम धोखेबाज बेईमान और कायर कहलाएंगे। हमारे राज्य की परिस्थितियाँ और भी बेढब हैं।

सरकार का निकाला जाना, किसानों और मजदूरों का दमन, विद्यार्थियों की फीस बढ़ाया जाना, कुछ बड़े-बड़े आदमियों की गिरफ्तारी ने राज्य के भीतर असंतोष की एक छिपी हुई ज्वाला पैदा कर दी है, उसे थोड़ी सी हवा देकर भभका देने की आवश्यकता है। विद्यार्थी लोग स्ट्राइक करने को तैयार हैं। मजदूर काम बंद करने को तैयार हैं। बहुत से नौकरी पेशे वाले इस्तीफे देने को तैयार हैं। परंतु सभी एक-दूसरे का मुँह ताक रहे हैं उनका कोई सच्चा पथ प्रदर्शक नहीं, कोई ठीक ढंग से आग उभाड़ने वाला नहीं। लेकिन यह एक ऐसा मौका है कि यदि हम 10-12 भी लगन के साथ काम करें तो अपने राज्य को इस

योग्य बना सकते हैं कि वह इस आंदोलन में सारे देश के साथ कँधे से कँधा मिलाकर चल सके लेकिन इस देश सेवा के लिए कठिन त्याग चाहिए। भाई उसे मैं भी सोचता हूँ और समझता हूँ। आज मैं दूसरों के मत्थे जीता हूँ और मौजे उड़ाता हूँ। यदि मैं उनकी इच्छा के खिलाफ कुछ काम करता भी हूँ तो मुझ पर भी लांछन जायेगा।

यहीं भर नहीं मान लो मुझे एक हजार जुर्माना हो गया वे लोग कितना कोसेंगे। मुझे बड़ी-बड़ी आशाएँ रखकर शिक्षा-दीक्षा दी और उसका बदला मैंने उन्हीं के घर की कुर्की। तो मुझे करना क्या होगा एक त्याग। मुझे अपने सगे भाइयों से सारा रिश्ता नाता तोड़ना होगा। अपना घर और जन्मभूमि छोड़नी होगी।

मजिस्ट्रेट के यहाँ इस प्रकार की दरख्वास्त देनी होगी कि मेरे घरवाले मेरी स्वतंत्रता के बाधक बन रहे हैं। इसलिए मैं हमेशा के लिए अपने घर से हर प्रकार का संबंध तोड़ता हूं और फिर क्या अगर जेल में रहे तो अच्छा ही है, अगर बाहर रहे तो एक संयासी के रूप में दो-चार टुकड़े रोटी से काम चलाना होगा क्योंकि तब इस प्रकार का दिन काटने के लिए पैसा कौन देगा। तब सभी कुछ छोड़ना होगा सुख, संपत्ति, मित्र और बंधु। कर्तव्य पालन में बाह्य सुख नहीं होगा आंतरिक सुख होता है। भाई जब मैं देश सेवा की इस हद तक पहुँच जाता हूँ तब मुझे अपने जीवन के एक दूसरे पहलू का भी ख्याल आ जाता है। मेरी गति एक तराजू की तरह हो जाती है जिसके एक पलड़े में कर्तव्य पालन रखा है और दूसरे पलड़े में सुख और वैभव के मीठे-मीठे प्रलोभन कभी यह पलड़ा झुकता है तो कभी वह। मस्तिष्क में एक क्षण के लिए भी स्थिरता नहीं। कभी जब मैं देखता हूँ उन चुलबुलाती हुई युवतियों को पार्क की मंद-मंद शीतल पवन में घूमते हुए, युगल जोड़ों को मोटर और बग्घी में, एक अजीब शांत से चलने वाले उन रईसों को और एक हरे-भरे घर में चंचल बालकों के मध्य बैठे हुए पिता को तो मेरे सामने भी इस सुख और वैभव की एक स्वर्णमयी प्रतिमा नाचने लगती है और मैं सोचने लगता हूँ कि मुझको क्या पड़ी है यह सब जीवन के आनंद त्याग कर उस जलती हुई ज्वाला में कूदूँ ।

ये ही दो बड़ी समस्याए मेरे सामने हैं एक में जाने से सुख है परंतु कायरता के साथ। दूसरे में जाने पर दुख है परंतु कर्तव्य पालन के साथ बताओ किसे करूँ किसे ना करूँ अब परीक्षा का समय है। इसी महीना के भीतर मुझे अपने भविष्य को निर्धारित करना

है। अतः यदि मुझे कोई सलाह दे सको तो उसका स्वागत है। शेष शुभ मुन्नी ने राधे की परिभाषा लिखी है इसलिए मैं उनकी परिभाषा लिख देना उचित समझता हूँ। काल में दीप्त और उनकी कविता जीवन की रंगरेलिया और रातों दिन की चहल कदमी यही उनकी दिनचर्या है। कवि और लेखक एल.एल. बी. और साहित्य रत्न अब क्या चाहिए सोने में सुगंध आने वाला है। ऐसे आनंदी जीवो को और क्या चाहिए देश और दुनिया की क्या परवाह है मैं तो यह कहूँगा कि राधे अगर अपने डर में तूफानों को छुपाए एक गंभीर गगन है तो मौज मस्ती और चहल कदमी में जमीन और आसमान का अंतर।

पी. एस.- 11.08.42 (अन्तिम पत्र का अनुवाद)

भाई समय कितना मूल्यवान है घटनाएं इतने जोरों से पलटा खा रही हैं कि उनके साथ-साथ चलना कठिन पड़ रहा है। कल जो-जो बातें सोचकर तुम्हें पत्र लिखा था वह आज के लिए बेकार है। कल जो बांधता था आगे बढ़ने के लिए हिचकिचाता था आज उसके लिए अवसर ही नहीं रह गया है कि किसी से सलाह लूँ।

इस वक्त विद्यार्थी लोग अगुआ बन रहे हैं। अखबारों में तुमने पढ़ा ही होगा लेकिन अखबारों में वही बातें दी जा रही है जो किसी भी हालत में छुपाई नहीं जा सकती। इलाहाबाद में कहीं से कम नहीं हो रहे। लेकिन अखबारों में बहुत ही कम निकलता है। आज स्टूडेंट प्रोसेशन पर दो बार लाठीचार्ज हुआ लेकिन विजय हमीं लोगों की रही। शायद मुझे शीघ्र ही रीवा जाना पड़े, भागकर नहीं काम करने के लिए। यूनियन तो सबसे अभी भी बंद ही है। जब से हमारे बापू जेल गये, शायद अभी बंद ही रहेगा फीस बढ़ाया जाना और महात्मा की कैद। मुन्नी भी वहाँ बड़े जोश के साथ भाग ले रही है। राधे का मंत्र अभी तक नहीं मिला हम लोग हजारों की संख्या में निकलते थे लेकिन आज यह पहला दिन है जब पुलिस ने छेड़खानी। उत्तर भी देना और वहाँ का हाल भी लिखना।

- तुम्हारा पद्मधर

पद्य खण्ड

विन्ध्य का कीर्तिगान

स्वीकारो मम नमन गजानन, लम्बोदर हे शिव के पूत।
कृपा करो वाणी की देवी, दो लिखने की शक्ति अकूत।।
कोटि कोटि माता का वन्दन, कोटि नमन हे पिता महान।
अर्पित ज्ञान गुरु का वन्दन, वन्दन जितने भी भगवान।।

वन्दन है कृपालपुर भू का, दिया पद्मधर सा जो लाल।
किया प्रयागराज में जिसने, देश को अपने प्राण हलाल।।
विन्ध्य धरा यह भरी रत्न से, इसका अति पावन इतिहास।
जना महापुरुषों को इसने, हरा जिन्होंने भू संत्रास ।।

दिया मंत्र झुकने का इसने, विन्ध्यांचल का जग में नाम।
बारह वर्ष बसे इस भू में, आकर जगत पिता श्री राम।।
उत्तर से दक्षिण की यात्रा, किये थे ऋषि अगस्त इक बार।
तब से पर्वत पड़ा हुआ है, ऋषि अगस्त की है दरकार।।

धैर्यपूर्वक पड़ा है तबसे, लौट के नहिं आये ऋषिनाथ।
कब आवेंगे ऋषि अगस्त, अब दक्षिण दिशि को रहा निहार।।
बहुत काल तक रहे विन्ध्य में, माता सीता, लक्ष्मण राम।
भरत भूमि में धाम बहुत हैं, चित्रकूट सा अन्य न धाम।।

धन्य है अत्रि धन्य अनुसुइया, महिमा जिनकी बहुत विशाल।
अनुसुइया जी के तप बल से, तीनों देव बने थे लाल।।
अद्भुत छटा धारकूँड़ी की, अघमर्षण का कुण्ड महान।
पावन कर देता है तन को, जल इसका सुरसरी समान।।

बिरसुनपुर की पावन धरती, जहँ शिवपारवती का धाम।
पुरवा बसे बसामन मामा, जिनका बहुत दूर तक नाम।।
महती बांधवगढ़ की धरती, जहँ है मोहन वंश निवास।
है त्रिकूट पर्वत अति पावन, जहाँ शारदा माँ का वास।।

भँवर सेन चंदरेह भरजुना, गिद्ध कूट सारंग गिरि ढेर।
भव्य मारकण्डेय ऋषि आश्रम, वाण भट्ट कवि का यह खेर।।
महातपी उर्मिला, द्वारिका, जहँ नरसिंह विदेही दास।
रहे विन्ध्य के सिद्ध संत ये, इनका अब भी है इतिहास।।

छत्तिस रागों के निर्माता, मइहर पुत्र अलाउद्दीन।
तानसेन संगीत मनीषी, जन्म भूमि रीवा आधीन।।
अद्भुत शिल्प कला खजुराहो, जिसका विश्व करे दीदार।
है प्रमाण अब भी भरहुत का, बौद्ध धर्म का था आधार।।

धन्य है छत्रशाल की धरती, जहाँ पधारे जुगुल किशोर।
पारस मणि भू में कुम्हरा मठ, नहीं जटाशंकर कमजोर।।
चौमुख नाथ औ भाकुल बाबा, है शंकर गढ़ किला महान।।
खड़े रामवन में बजरंगी, करते भक्तों का कल्याण।।

विन्ध्य वाशिनी के दर्शन बिन, यह मानव का तन बेकार।
देखो संगम सप्त नदी का, हटा मार्ग पर यह सतधार।।
कपिल, चचाई, पुरवा, क्योटी, धन्य सोन मूंडा का छोर।
बरगी तथा वाणसागर में, भरा अगम पानी घनघोर।।

जनक अमर कंटक रेवा का, जिसके तट पर सुन्दर घाट।
सोन, महानद का भी उद्गम, जुहिला सरि का अद्भुत ठाट ।।
भाण्डेर औ पन्ना घाटी, है जिसका कटनी में छोर।
विन्ध्यांचल के गोद बिराजे, नरो केहेजुआ औ कैमोर।।

सुखद सुनार, वेतवा सरिता, वीहर बिछिया टमस धसान।
नदी रिहण्य वनास महाना, महानदी, पयसुनी महान।।
अमरन बरुआ औ करियारी, गलको व्यरमा और रिकेन।
सेमरावल सरिता अमरावल, सतना टमस विन्ध्य की देन।।

वन के बीच-बीच में फूले, गुलमोहर, कनेर कचनार।
महके यहाँ करौंदा महुआ, मन को हरे बसंत बहार।।
वन में बसते प्यांगा हाड़िल, बगुला तीतर बुलबुल मोर।
कौवा कठकोलना गलगलिया, मैना औ कोयल का शोर।।

डउंकी, बया, महोखा, गिदुरी, सुआ चकोर टिटिहरी बाज।
उल्लू, गीध, कबूतर, सारिश, दुर्लभ नीलकंठ महराज।।
विन्ध्यांचल की पावन भू में वन, पहाड़ की है भरमार।
पड़े यहाँ सावन में झूले, हँसता होली का त्यौहार।।

आमा-जामुन, सेंमल, महुआ, सगवन, पीपल, बरा विशाल।
शीशम, धवा, लमेर औ छूला, तेंदू, रेउजा, बमुरा शाल।।
इमली, नीम, आँवला, हर्रा, खैर, बाँस, कइथा अन्धेर।
नागफनी गुलमेंहदी मेढ़की, महरोइन सीताफल-बेर।।

इस विन्ध्यांचल की गोदी में, तरह-तरह पशुओं का शोर।
ऐसा क्या जो नहीं यहाँ पर, अपना विन्ध्य जहाँ कमजोर?
बन्दर, रीछ, मृगा औ चीता, सांभर गैंडा , तेंदुआ शेर।
सेही, सुअर, लोमड़ी, खरहा, नील गाय, सीगट, अन्धेर।।

पन्ना की पावन धरती में, हीरा जो रत्नों की शान।
सिंगरौली शहडोल उमरिया, है अनूपपुर कोइला खान।।
पैदा करती है यह धरती, अरहर, गेहूँ, चना-मसूर।।
सांवा, तिली, मकाई, उरदा, मूँग, धान, राई भर पूर।।

भोजपुरी, बुन्देली, बंदही, यहाँ बघेली क्षेत्र विशाल।
गोविन्दगढ़ का ताल अनोखा, जग प्रसिद्ध है यहाँ रसाल।।
हिदुली राई औ कोलदंहका, टप्पा कजरी बिरहा गान।
सोहर अंजुरी भगत औ बरुआ, औ विवाह बाबा की तान।।

हिन्दू मस्लिम सिख इसाई, रहते यहाँ बौद्ध औ जैन।
सभी लोग मिल जुल कर रहते, रहता यहाँ सदा सुख चैन।।
तात्या टोपे, लक्ष्मीबाई, रणमत सिंह इस भू की शान।
रहे ओरछा के सतार तट, चन्द्रशेखर आजाद महान।।

श्यामशाह सिंह और धीरसिंह, जन्में सरजू सिंह सहीद।
जगमग होती यहाँ दिवाली, हँसती यहाँ मोहर्रम ईद।।
बुद्धि प्रताप पगार धरा के, पिपरी के पांडे मन धीर।
रामश्रय कारीगोही के, तीनों थे योधा प्रणवीर।।

लल्ला सिंह थे खमरेही के, ददन सिंह अमकुई सपूत।
अजर अमर अवधेश सिंह जी, जगन्नाथ सितपुरा के पूत।।
सनी लहू से पिण्ड्रा की भू, दिया डेढ़ सौ जो बलिदान।
भारत माँ की आजादी में विन्ध्य का बहुत बड़ा एहसान।।

मतिराम औ केशव भूषण, किये बिहारी यहाँ निवास।
हिन्दी के साहित्य कोष में, मिलता इनसे बहुत उजास।।
विन्ध्यांचल की पावन भू को, बार-बार करबद्ध प्रणाम।
कथा पद्मधर सिंह की लिखना, लेकर माँ शारद का नाम।।

विन्ध्य के महत्वपूर्ण स्थान

कामदगिरि, चित्रकूट

अमरकंटक - विराट मन्दिर

प्रयाग का पौराणिक महत्व

शुरू यात्रा अब प्रयाग की, तीर्थभूमि यह अति प्राचीन।
सारे पुण्य यहाँ मिल जाते, तन होता पापों से हीन।।
गंगा, जमुना, सरस्वती का, है इसमें पावन संयोग।
इसमें मज्जन कर लेता जो, मिट जाता हर तन का रोग।।
सृष्टि रचा जब ब्रह्मा जी ने, बना यज्ञ का यहाँ विधान।
रहे पुरोहित ब्रह्मा जी खुद, विष्णु रहे इसके यजमान।।
भू का पाप हरण करने को, हुआ अक्षय वट का निर्माण।
वर्तमान में भी यह जिन्दा, खींच रहा भक्तों का ध्यान।।
हरिद्वार, काशी, प्रयाग का, वेद पुराणों में उल्लेख।
खुल जाते हैं द्वार स्वर्ग के, इन पावन तीर्थों को देख।।
बारह वर्षों के अन्तर में, आता पावन कुंभ महान।
जिसमें शामिल होने आते, क्षीर सिन्धु को तज भगवान।।
किला खड़ा है छाती ताने, लगता है वह ज्यों प्रणवीर।
झेल गया यह लाखों सदियाँ, झेल गया मुगलों की पीर।।
रेला रहता बारों महिना, करते भक्त प्रभु का गान।
माना गया भाग्यशाली वह, जिसने यहाँ लगाया ध्यान।।
मनोकामना पूरन करने, आते पूर्ण जगत से लोग।
भर जाती है सबकी झोली, होता सबका दूर वियोग।।
इस पावन सुरसरि संगम को, कहा गया तीर्थों का ताज।
आकर रहता है दो महिना, सारे जग का संत समाज।।
आना पड़ा राम को चलकर, पावन गंगा जी के घाट।
पग पखार कर पार उतारा, रहा गजब केवट का ठाट।।

रामचन्द्र के पग छूने को, सुरसरि में थी उठी उबाल।
करुणा निधि के जो पग धोये, धन्य धरा में उसका भाल।।
हुए जवाहर लाल यहाँ पर, यहीं हुआ इन्द्रा अवतार।
गाँधी जी आनंद भवन में, कहते हैं आये दो बार।।
इन्द्रा ने बानर सेना का, किया इसी भू में निर्माण।
चन्द्रशेखर आजाद वीर का, हुआ इसी भू में बलिदान।।
रहे पद्मधर सिंह इस भू में, जिनका अजर अमर इतिहास।
यह प्रयाग अति पावन तीरथ, मृत्युलोक में सबसे खास।।
लाल पद्मधर के जीवन में, है प्रयाग का बड़ा प्रभाव।
अमर हुए आकर इस भू में, जिनके प्रति सबका सद्भाव।।

प्रयागराज का संत समागम

भारत के अतीत का परिचय

धैर्य वीरता स्वाभिमान से, पूरित भारत का इतिहास।
रहा शरण दाता यह सबका, हर धर्मों का यहाँ निवास।।
योग गणित विज्ञान यहाँ का, सारे जग में रहा प्रसिद्ध।
युद्ध किया था दशकंधर से, जिसका नाम जटायू गिद्ध।।
हरिश्चन्द्र बलि कर्ण से दानी, जन-जन-पूजित ये दानेन्द्र।।
था अतीत में विश्व गुरू यह, था यह विद्वानों का केन्द्र।।
माना यह परिवार विश्व को, देता था शान्ती की सीख।
अपना दिया हमेशा सबको, माँगा नहीं किसी से भीख।।
थे बाराह मिहिर इस भू के, रहा अकंटक जिनका राज।
करता रहा न कभी गुलामी, था इसका अपना अन्दाज।।
यह धरती वेदों की जननी, बने यहीं गीता के छंद।
वाल्मीकि औ व्यास यहाँ के, कालिदास जैसे कवि वृंद।।
रहा एक गज सीना जिसका, था वह पृथीराज चौहान।
था प्रभाव सारे भारत में, करता था सारा जग मान।।
शुरू हुआ दुर्भाग्य देश का, हुआ यहाँ कायर जयचंद।
ले आया गोरी को भारत, छीन लिया सबका आनंद।।
छोड़ा उसको पृथीराज ने, रणभूमी से सत्रह बार।
रहा अठरवीं वार सफल वह, दिल्ली का बन गया सरदार।।
आने लगे यहाँ आक्रान्ता, लगा बदलने फिर इतिहास।
भारत माता के आँचल में, पापी अफगानों का वास।।
रहे यहाँ राजा अय्याशी, आपस में थी सबमें फूट।
भाई को नीचा दिखलाते, देते थे दुश्मन को छूट।।

पन्द्रह सौ छब्बिस में बाबर, आकर किया यहाँ अधिकार।
त्राहि त्राहि मच गई देश में, हुआ शुरू फिर अत्याचार।।
तोड़ दिया मंदिर भारत के, कायम किया यहाँ इस्लाम।।
तहस नहस कर दिया अवध को, थे बन्दी अपने श्रीराम।।
फिर हुँमायूँ फिर अकबर आया, जिनपर कुछ लोगों को नाज।
जहाँगीर फिर शाहजहाँ का, फिर औरंगजेब का राज।
अन्तिम शासक जफर देश का, हुई इन्हें दिल्ली फिर दूर।
हिन्दू सबसे रहा प्रताड़ित, अकबर छोड़ सभी थे क्रूर।।
नमन है महाराणा प्रताप को, जिनका अखिल विश्व में नाम।
अकबर जीत न पाया इनको, कभी न रण में लगा विराम।।
धन्य उदयपुर की धरती है, है मेवाड़ धरा भी धन्य।
धैर्य वीरता औ साहस में, नहीं कोई इतना सम्पन्न।।
बारह वर्ष लड़े अकबर से, किन्तु न पीछे हटे प्रताप।
अकबर जपता था रातो-दिन, महराणा प्रताप का जाप।।
खाना पड़ा घास की रोटी, झुकने दिया न माँ का शीश।
पूजनीय है ऐसा राजा, जिसे मिला जन का आशीष।।
आ गई ईस्ट इण्डिया कम्पनी, सोलह सौ में भारत वर्ष।
लेकर जहाँगीर से अनुमति, करने लगे यहाँ उत्कर्ष।।
कलकत्ता के गलियारों में, बना लिया अपना भू भाग।
राजाओं को वश में करके, बोने लगे देश में आग।।
सत्रह सौ सन्तावन में था, प्लासी भू में पहला वार।
हारा युद्ध शिराजुद्दौला, रहा बहादुर जो सरदार।।
प्लासी में मिल गई सफलता, पसरे अंग्रेजों के पाँव।
आपस में विवाद के कारण, देने लगे नृपति कुछ छाँव।।
सन् सत्रह सौ चौबिस में फिर, सज गया बक्सर का मैदान।
कूटनीति छल दंभ कपट से, जीत गये गोरे बेईमान।।

फूट डालकर रजवाड़ों में, बढ़ गये फिर आगे की ओर।
उत्तर भारत में भी गोरे, बिल्कुल नहीं रहे कमजोर।।
अवध नवाब मीर कासिम भी, मुनरो से रण सका न जीत।
जबकि मित्र शिराजुद्दौला की, थी आलम द्वितीय से प्रीत।।
दिया नृपों को लालच पहले, बना लिया फिर उन्हें गुलाम।
स्वार्थ सिद्ध कर लेते अपना, फिर कर लेते थे निज काम।।
दिखती जहाँ उन्हें असफलता, वहाँ डाल देते थे भेद।
जिस पतरी में खाते पापी, कर देते फिर उसमें छेद।।
बाँट सभी को जाति धर्म में, देते नफरत का पैगाम।
यदि विरोध करता था कोई, कर देते उसको नाकाम।।
रहे गुलाम हमेशा भारत, रहा लक्ष्य उनका ये मूल।
हुआ हिन्द हिन्दी अपमानित, खुल गये अंगरेजी स्कुल।।

1947 के पहले का भारत

महाराणा प्रताप की सेना

हल्दी घाटी का युद्ध

1857 का अंग्रेजी दमन चक्र

अट्ठारह सौ सन्तावन में धधक उठी क्रान्ति की आग।
सफल न हो पाया आन्दोलन, पीछा छोड़ न सकी अभाग।।
निश्चित रही क्रान्ति की जो तिथि, भड़क उठे पहले कुछ लोग।
सफल रहा अंग्रेजी शासन, उनके साथ रहा संयोग।।
लड़ी बहुत झाँसी की रानी, मिला न राजाओं का साथ।
कर से चली गई झाँसी भी, दिल्ली भी हो गई अनाथ।।
मारे गये जफर के बेटे, हुआ मुगल शासन का अन्त।
कुछ नृप थे संगी गोरों के, थे जिनके अरमान अनन्त।।
गोरों के संग रहा ग्वालियर, गोरों के संग रहे निजाम।
आये गायकवाड़ न आगे, रहे होल्कर भी बदनाम।।
तात्याटोपे नाना साहब, घर में थे निराश जगजीत।
अहमदशाह, अजीमुल्ला की, सफल न हो पाई रणनीत।।
रहे निराश कुँवर साहब भी, ठिठक गये रणमत के पाँव।
श्यामशाह सिंह और धीर सिंह, कभी न आ पाये फिर गाँव।।
शंकर शाह लड़े गोरों से, सुत रघुनाथ संग बलिदान।
मंगल पांडे और अवन्ती, रहे न सरयू सिंह बलवान।।
अट्ठारह सौ पच्चासी में, कांग्रेस बन गई आवाज।
कलकत्ता के अधिवेशन में, कहा हमें दो पूर्ण स्वराज।।
कुरवानी की गाथा गाता, अब भी जलियावाला बाग।
दीवालों का रक्त बोलता, निकल रही उस भू से आग।।
महाराष्ट्र के कोंकण तट पर, पापी साइमन का फरमान।
डाल कमीशन जनता के सिर, आया था करने अपमान।।

कुछ दिन में संडर्सन आया, था जो पल्टन का सरदार।
लाठी बरसाया लाला पर, वहाँ जुटी थी भीड़ अपार।।
धन्य है उधम की कुर्बानी, अमर लाजपत का बलिदान।
अंतिम समय कहा था इनसे, देश को देंगे निव प्राण।।
रहेंगे वर्तमान बटुकेश्वर, नहीं कभी सकते जो भूल।
राजगुरु सुखदेव भगत सिंह, गये सभी फाँसी में झूल।।
बलिदानी की परिपाटी में, चन्द्रशेखर आजाद महान।
कौन भूल सकता सुभाष को, ये भारत माँ के सम्मान।।
असहयोग आन्दोलन भारी, जिसको गोरे सके न झेल।
नौ अगस्त को गाँधी जी को, भेज दिया गोरों ने जेल।।
कलकत्ता था लगा उबलने, था बिहार में भारी जोश।
रहे न पीछे बल्लभ नेहरू, लहू माँग रहे थे बोस।।
दशा देख भारत माता की, लाल पद्मधर थे बेहाल।
किया प्रतिज्ञा हाँथ उठाकर, देश करूँगा मैं खुशहाल।।

पद्मधर सिंह का परिचय

टमस नदी के वाम पार्श्व में, है स्थित कृपालपुर ग्राम।
यह उर्मिला दास की धरती, तीर्थ तुल्य है जिनका धाम।।
पूरब में माधवगढ़ स्थित, किला लिए अपना इतिहास।
बनकर खड़ा हुआ है प्रहरी, है अतीत का जहाँ उजास।।
पश्चिम दिशि में सघन कुंज है, यह सुन्दर मनहर स्थान।
इतनी सुन्दर छटा प्रकृति की, खींच रही जो सबका ध्यान।।
यहीं वीर व्यंकट नरेश को, विधि ने सुन्दर दिया स्वरूप।
कालान्तर में बने यही फिर, रीवा राज किला के भूप।।
युग आते जाते रहते हैं, किन्तु अमर रहता इतिहास।
जीते जो निज मातृ भूमि को, जग में उनकी सदा सुबास।।
है कृपालपुर के दक्षिण में, कहलाता जो नरो पहाड़।
सन् चौदह सौ बीस यहाँ थे, मिहिरदेव वंसज प्रतिहार।।
कलकल-छलछल कर बहता है, टमस नदी का पावन नीर।
चूम रहा शशि उतर धरा को, सबके मनको करे अधीर।।
थोड़ा दक्षिण दिशा चलो अब, जहाँ सिद्ध भरहुत स्तूप।
चमका था यह बौद्ध काल में, रुके जहाँ अशोक से भूप।।
माधवगढ़ का किला अनोखा, करता व्याघ्र वंश की याद।
कभी स्वर्ग था धरती का यह, नृपति पीढ़ियाँ थी आबाद।।
सन् सत्रह सौ अट्ठावन से, है कृपालपुर का इतिहास।
आये थे नृपनाथ यहाँ पर, था कृपालपुर बना निवास।।
थी अठ्ठाइसवीं यह पीढ़ी, थे जो यहाँ इलाकेदार।
होता रहा बड़ा भाई जो, बनता रहा वही सरकार।।

करते हैं आरम्भ यहाँ से, ठाकुर गोविन्द सिंह से बात।
प्रद्युमन सिंह बेटे इनके, करना है जिनसे शुरूआत।।
बड़े गदाधर और चक्रधर, हुए शंखधर तीजे पुत्र।
सबसे छोटे लाल पद्मधर, जो प्रद्युम्न के बने सुपुत्र।।
वर्ष रहा उन्नीस सौ चौदह, था चौदह अगस्त दिन खास।
हुए गढ़ी में लाल पद्मधर, था कृपालपुर में उल्लास।।
गद् गद् था कृपालपुर सारा, घर-घर बजने लगा बधाव।
आये शीघ्र पुरोहित घर में, जिनने रखा पद्मधर नाव।।
गर्व बनेगा व्याघ्र वंश का, प्रजा करेगी इसका गान।
भक्त बनेगा भारत माँ का, देश को निज देगा बलिदान।।
सहन नहीं कर पायेगा ये, भारत माता की अपकीर्ति।।
इक स्वर्णिम इतिहास बनेगा, अमर रहेगी इसकी कीर्ति।।
था उल्लास पिता का नभ में, माँ खुश थी पा चौथा लाल।
ऐसा होनहार सुत पाकर, भारत माता थी खुशहाल।।
हुए पद्म जब छः महिने के, सिर से उठा पिता का प्यार।
रहा नगर में गम का साया, रहा न अब माँ का सिंगार।।
चारों के लालन-पालन का, था माँ के ऊपर अब भार।
किन्तु न धीरज खोया माँ ने, पति का स्वप्न किया साकार।।
सब सुत थे पढ़ने में माहिर, रहा आचरण सबका श्रेष्ठ।
दिया पिता का प्यार सभी को, पुत्र गदाधर सिंह जो जेष्ठ।।
वर्णन करना है अब अगला, परिचय को दे रहा विराम।
जनमानस को मुझे बताना, लाल पद्मधर सिंह का काम।।

प्रारंभिक शिक्षा

हुए पद्मधर पाँच वर्ष के, शिक्षण कार्य हुआ आरंभ।
मिला दाखिला माधवगढ़ में, रहा न जाति धर्म का दंभ।।
शाला नित आते-जाते थे, टोला के लड़कों के साथ।
भेद रहा न बड़े-छोट का, जबकि थे कृपालपुर नाथ।।
जितने थे शिक्षक शाला के, करते सभी पद्म से प्यार।
कूट-कूट कर भरी थी प्रतिभा, खेलकूद में थे हुशियार।।
था दुलार ज्यादा माता का, घर में सबसे लघु थे लाल।
होते जब आँखों से ओझल, माँ लेती पल-पल का हाल।।
भेजा करती थी समझाकर, लल्ला करना नहीं विवाद।
जो शाला में सबक मिले तो, जाना नित करके वह याद।।
कहती माँ केवल वह बढ़ता, जिसका हुआ आचरण ठीक।
तृण को नहीं समझना छोटा, उससे भी लेना तुम सीख।।
चेष्टा जिसकी काग तुल्य हो, बगुले के समान हो ध्यान।
श्वान सदृश जो निद्रा लेता, पढ़कर वह बनता विद्वान।।
विद्याज्ञान प्राप्त करने को, करना पड़ता घर का त्याग।
भोजन भी कम करना पड़ता, तजना पड़े काम औ राग।।
पार किये नौ पहुंचे दस में, कर गये कक्षा पाँच प्रवेश।
रहे प्रवीण सभी विषयों में, किन्तु कला में अंक विशेष।।
सुनते थे कुछ कथा कहानी, करते थे अर्जुन का ध्यान।
नियत समय जाते थे शाला, करते नित्य राष्ट्र का गान।।
पहुंचे जब सतवीं कक्षा में, थे काफी परिपूर्ण विचार।
कीर्ति फैलने लगी क्षेत्र में, था सबसे उत्तम व्यवहार।।

श्रद्धा बढ़ी देश पर अपने, राष्ट्र भक्ति से थे लवरेज।
पूछा करते थे सबसे यह, देश में क्यों काबिज अँगरेज।।
देते जब भाषण शाला में, शिक्षक रह जाते थे दंग।
मिल गई अगुआई की क्षमता, वचन नहीं करते थे भंग।।
पूरा करके रहते थे वह, मन में जो लेते थे ठान।
भले जन्म था राजवंश में, किन्तु न इस पर रहा गुमान।।
थे शोषण के घोर विरोधी, सहन न करते थे अन्याय।
परिजन भी गल्ती यदि करते, खुलकर रखते थे निजराय।।
भाईचारा के हिमायती, रखते सबसे बहुत लगाव।
खास तौर से जो गरीब थे, उनके प्रति था उत्तम भाव।।
होनहार जो होता पादप, होते उसके चिकने पात।
करता मदद उसी की ईश्वर, जो होता है सबके साथ।।
करते थे सबको एकत्रित, आता जब होली त्यौहार।
सबसे रंगअबीर खेलते, करें ईद को भी स्वीकार।।
रहते थे गंभीर हमेशा, था पसंद नहिं व्यर्थ-प्रलाप।
अगर किसी को दुःख होता तो, होता था उनको सन्ताप।।
मिडिल पास हो गये पद्मधर, उम्र गई तेरह के पार।।
बढ़ो कलम चलना अब रीवा, लिखना है अगला उद्गार।।

कुर्सी पर : लाल गदाधर सिंह,
खड़े हुए : लाल चक्रधर सिंह
बांये विराजे : लाल शंखधर सिंह,
दायें विराजे : लाल पद्मधर सिंह

माधवगढ़ की पाठशाला
जहाँ पद्मधर सिंह की प्रारम्भिक शिक्षा हुई

रीवा प्रस्थान एवं माँ की सीख

अठवीं तक कर शिक्षा पूरी, कर गये रीवा पद्म प्रवेश।
भारी मन था लाल पद्म का, छूट रहा था अपना देश।।
लेने गये विदा माता से, मत पूछो कुछ माँ का हाल।
अब तक जो दृग का तारा था, बिछुड़ रहा था अब वह लाल।।

माँ ने कहा वचन दो मुझको, नहीं लजाओगे मम-क्षीर।
सदा रहोगे मर्यादा में, घर को कभी न दोगे पीर।।
मिले न हमको सुनने को यह, लज्जा जनक किये तुम काम।
केवल वहाँ पढ़ाई करना, मत करना कुल को बदनाम।।

तुमसे तीन बड़े भाई हैं, करते हैं तुम पर सब नाज।
रहना दृग के तारा बनकर, करना सबके दिल में राज।।
तुम्हें छोड़कर पिता गये जब, सौंप मुझे अपना अधिकार।
पद्म कभी ये नहीं भूलना, मैंने दिया पिता का प्यार।।

सब बच्चों से मिलकर रहना, मत करना तुम कभी विवाद।
बालक हो तुम राज वंश के, रखना इसे हमेशा याद।।
ऊँच नीच का भेद न करना, रहना सबके बनकर मित्र।
कभी न उठ पाता वह मानव, एक बार यदि गिरा चरित्र।।

मत जीना तुम केवल निज को, रखना हर गरीब का ध्यान।
चलता है जो सही मार्ग पर, उस पर खुश रहते भगवान।।
अपने माता पिता गुरू से, रखता है जो व्यक्ति विरोध।
सुखी न रहता वह जीवन में, होता उस पर कभी न सोध।।

दुर्व्यसनों से दूरी रखना, कभी न करना मदिरा पान।

मदिरा मांस जुँआ का भोगी, कभी न पाता जग में मान।।
रहता नहीं प्रजा को जो प्रिय, वह राजा के गुण से हीन।
असन्तोष है जिसके हिय में, दुनिया का वह सबसे दीन।।

उत्तम श्रद्धा राष्ट्र भक्ति है, सबसे बड़ा धर्म है देश।
देश को तन अर्पित कर देना, नहीं देश के बिन कुछ शेष।।
करना ऐसा काम लाडले, निर्मित हो स्वर्णिम इतिहास।
करना नेकी सबके संग में, पा लेना सबका विश्वास।।

अध्ययन करना भी एक तप है, तन मन को देता उत्कर्ष।।
बड़ा हुआ है जो इस जग में, जिसने किया घोर संघर्ष।।
जाओ रीवा पढ़ो लिखो अब, जीतो जीवन का संग्राम।
देश जाति के योग्य बनो तुम, जग में करो वंश का नाम।

शाला प्रवेश तथा गोली कांड

लाल पद्मधर आ गये रीवा, शुरू हुआ आगे का खेल।
अभी यहाँ सब नया-नया था, लगता था सबकुछ अनमेल।।
छाँव नहीं थी अब माता की, बिछुड़ गये बचपन के मित्र।
नहीं भूल पाते थे घर को, था आँखों में माँ का चित्र।।
था न गाँव का सैर सपाटा, नदी किनारा कूल कछार।
भाई चारा मिलना जुलना, अल्हड़ होली का त्यौहार।।
गेंद, कबड्डी, उल्ली लुकुआ, गिल्ली-डण्डा, छिप्पी कूद।
दौड़ लगाना बगिया जाना, खेल खेलना आँखें मूंद।।
झूठ बोलना माँ से अपने, कह बुखार लेना अवकाश।
चोरी से भग जाना घर से, रहना चरवाहा के पास।।
रहे बहुत चिन्ता में कुछ दिन, रहना अब कमरे में बन्द।
कहाँ मिलेगी रीवा में अब, खुली छूट घर का आनंद।।
हुआ प्रवेश पद्मधर सिंह का, था प्रसिद्ध शाला दरबार।
कुछ दिन रहे साथ में परिजन, फिर आ गये वापस निजद्वार।।
करना पड़ा पद्मधर सिंह को, था स्वभाव के जो विपरीत।
हुई अचानक थी अनहोनी, क्रोध गया धीरज से जीत।।
था उपकरण प्रिज्म शाला में, जिसका हुआ अचानक लोप।
घटना उन्नीस सौ चौतिस की, लगा पद्मधर पर आरोप।।
लाल पद्मधर के जीवन में, था यह बहुत बड़ा आघात।
चोरी किया पद्मधर सिंह ने, फैल गई छात्रों तक बात।।
एस.के.टोपे कश्मीरी था, जो शाला का था परधान।
चोरी का आरोप लगाकर, किया बहुत उनका अपमान।।

लिया तलाशी वह कमरे की, किन्तु वहाँ पाया वह मात।
करने लगा पद्म के ऊपर, कायर बेतों की बरसात।।
बुरी-बुरी गाली देता था, बार-बार कहता था नींच।
लगने लगा जान ले लेगा, दवा दिया पापी ने घींच।।
चढ़ा नाक के ऊपर पानी, सहन न हो पाया अपमान।
हुआ जागरण स्वाभिमान का, रहा न कुछ आगे का ध्यान।।
कौन टाल सकता अनहोनी, चला दिया उस पर बन्दूक।
टोपे मरणासन्न भूमि में, सारी भीड़ खड़ी थी मूक।।
पहुँच गई थी खबर किला में, आ गई बाँध वेश की कार।
थे गुलाब सिंह अति मर्माहत, हिय में दुख का रहा गुबार।।
लिया न पक्ष पद्मधर सिंह का, पूर्ण किया राजा का धर्म।
उसको उसकी सजा मिलेगी, करेगा जो जैसा भी कर्म।।
रही खैरियत केवल इतनी, तन का रहा न घातक घाव।
यह तो इत्तफाक था केवल, मन में जिसका पड़ा प्रभाव।।
मसला पहुँच गया न्यायालय, हो गई सात वर्ष की जेल।
होनी टाल न सकता कोई, था स्वभाव के यह अनमेल।।
ठेस लगी थी स्वाभिमान को, इससे खौल उठा था रक्त।
बनकर कायर कभी न जीता, जो भारत माता का भक्त।।

रीवा का दरबार हाई स्कूल

जेल तथा माँ की पीड़ा

खबर जेल की पायी माँ ने, बहुत बुरा था फिर तो हाल।
पूँछ रही थी सबसे माता, कब तक में छूटेगा लाल।।
रही पागलों जैसी हालत, छोड़ दिया माँ ने जल अन्न।
इसीलिए तो कहा गया है, धरती में माँ सबसे धन्य।।
अगर प्राण की पड़े जरूरत, माँ सुत को दे सकती प्राण।
सुत कितना भी दुष्ट भले हो, फिर भी माँ करती गुणगान।।
त्याग दिया माता ने घर को, किया मढ़ुलिया में था वास।
टमस किनारे थे बजरंगी, लक्ष्मण दास कुंज के पास।।
माँ का मन्दिर में था डेरा, रहती थी भक्ती में लीन।
उनके ऊपर नभ था केवल, नीचे थी तो मातृ जमीन।।
तीन साल तक रहीं वहाँ पर, जीवन की ममता को त्याग।
बुरा समय निश्चित टल जाता, फिर जागृत होता सौभाग्य।
ऋण सबका चुकता हो सकता, माँ से उऋण न होता कोय।
माँ जीती बेटे के सुख को, अपना दुःख रहती दिल गोय।।
कोई योनि नहीं इस जग में, प्राप्त न जिसको माँ का प्यार।
होती है खूँखार शेरनी, वह भी सुत के लिए उदार।।
मालुम पड़ा पद्मधर सिंह को, माँ का असहनीय यह कष्ट।
अति पीड़ा थी मन में उनके, माँ का वचन किया मैं नष्ट।।
जिसने दिया मुझे यह जीवन, रख न सका मैं उसका मान।
स्वाभिमान के वशीभूत हो, भूल गया सारा सद्ज्ञान।।
मुँह कैसे दिखला पाऊँगा, है अक्षम्य यह मेरा पाप।
मेरी इस हरकत के कारण, मिला बहुत माँ को सन्ताप।।

निश्चय किया न कर्म करूँगा, माँ को जिसमें पहुंचे ठेस।
भारत को अर्पित कर दूँगा, मैं अपना जीवन यह शेष।।
तन अर्पित होगा सेवा में, बनना नहीं मुझे धनवान।
कर्म करूँगा मैं अब केवल, देश का हो जिसमें सम्मान।।
निश्चित अच्छे दिन आते हैं, जिन्दा रहती यदि उम्मीद।
चलता जब उपवास माह भर, तब चलकर आती है ईद।।
कृपा पात्र होता वह प्रभु का, जो प्रभु पर रखता अनुराग।
कैकेई ने सुत के हित को, दिया चक्रवर्ती पति त्याग।।
धरती माता पीड़ा सहकर, करती पुत्रों को खुशहाल।
छप्पन व्यंजन पैदा करती, करती सबको माला माल।।
सात वर्ष से घटकर हो गई, केवल तीन वर्ष की जेल।
था प्रभाव माँ की ममता का, था तप त्याग भक्ति का खेल।।
जीता है जो स्वाभिमान में, उससे खुश रहता भगवान।
परोपकार है जिसके हिय में, होता है उसका कल्यान।।

प्रसंग - पद्म को जेल तथा माँ की पीड़ा

कृपालपुर का मंदिर

पद्मधर सिंह की माता जी

रिहाई तथा आगामी योजना

तीन वर्ष की सजा पूर्ण कर, था पिजड़े से बाहर लाल।
खुश हो नाच उठा माँ का दिल, था सारा रीवा खुशहाल।।
रहा बुद्धजीवी तबका जो, बढ़ चढ़ किया पद्म का मान।
कहा स्वाभिमानी है बालक, होगा विन्ध्य भूमि का शान।।
लाल पद्मधर माँ से मिलने, पहुँचे निज कृपालपुर गाँव।
धन्य किया जीवन को अपने, छूकर निज माता के पाँव।।
मिले भाइयों से फिर अपने, भरे रहे आँसू से नेत्र।
वीर लाडले से मिलने को, था उतावला पूरा क्षेत्र।।
मिलकर सबसे गये मदुलिया, जहाँ विराजे थे हनुमान।
दर्शन कर बजरंग बली के, किये मातु के तप का ध्यान।।
भूल गये तन-मन को अपने, कर अपने मित्रों की याद।
किया प्यार की वर्षा सब ने, दिया सभी ने आशीर्वाद।।
जो हिमायती कर्मयोग का, मिलता कहाँ उसे विश्राम।
नवयुवकों को किया इकट्ठा, करने लगा देश का काम।।
पढ़ी खबर अखबार में एक दिन, दूजा विश्व युद्ध आरंभ।
धधक रहा यूरोप आग से, चूर्ण हुआ लन्दन का दंभ।।
अरि से लड़ने का शुभ अवसर, वर्तमान में है कमजोर।
आजादी होगी हाँथों में, लग जाये थोड़ा यदि जोर।।
आगे कभी न बढ़ पाता वह, किया न जो करता संघर्ष।
अगर समय भी ठिठक जाय तो, उसका भी होता अपकर्ष।।
जगा नहीं यदि नवजवान तो, देश नहीं होगा आजाद।
अब हम सबको आगे बढ़कर, करना है अरि को बर्बाद।।

शिक्षण देने लगे गाँव में, भाँजो सब लाठी तलवार।
शांत नहीं रहना अब हमको, करना है दुश्मन पर वार।।
घट जब ठोंका-पीटा जाता, तब जाकर होता मजबूत।
रुई गई जब हथकरघा में, तब जाकर बनती वह सूत।।
रौंदी जाती है जो मिट्टी, वह बनती एक दिन मीनार।
भट्ठी में जब तपता सोना, आता उसमें तभी निखार।।
जो मरता है जन्म भूमि को, होता है उसका गुणगान।
होता है कल्याण उसी का, जो करता सबका कल्याण।।
पुत्र इलाकेदार पिता के, किन्तु न इसका रहा प्रभाव।
थे दरिद्र नारायण जो भी, रखते सब पर श्रद्धाभाव।।
इसी बीच साहित्य तरफ भी, गया पद्मधर सिंह का ध्यान।
लिखने लगे कहानी नाटक, शुरू किये कविता का गान।।
लाल पद्मधर ने रीवा में, बनवाया फिर छात्रावास।
जहाँ गरीब दलित पिछड़ों के, बच्चे करते रहे निवास।।
एस.के. टोपे की हरकत से, मिली पद्म को शक्ति अपार।
श्रद्धा बढ़ गई भारत माँ पर, हुए अधिक परिपक्व विचार।।
बोनापार्ट फ्रांस का शासक, कहता था, सब संभव मित्र।
नर को कुछ भी नहीं असंभव, होते हैं यदि भाव पवित्र।।
उड़ कर एक बार सम्पाती, पहुँच गया दिनकर के पास।
केवल त्याग और तप का बल, गंगा का धरती में वास।।
यह अध्याय हुआ अब पूरा, करना नहीं अभी विश्राम।
वर्णन करना है प्रयाग का, अंकित जहाँ पद्म का नाम।।

जेल से रिहाई तथा आजादी के प्रयास प्रसंग में

लाल पद्मधर सिंह का आजादी का संकल्प

पद्म का प्रयाग प्रस्थान

कर उत्तीर्ण बरहवीं कक्षा, पहुँच गये फिर पद्म प्रयाग।
आता वह इस पावन भू में, उगता है जिसका सौभाग्य।।
यह प्राचीन विश्व विद्यालय, देश में इसका बड़ा महत्व।
आता है जो इस धरती में, पाता वह जीवन का तत्व।।
भारत में जब मुगल काल था, तब से यह शिक्षा का केन्द्र।
विद्याध्यन करने आते थे, हर प्रदेश के यहाँ नृपेन्द्र।।
लिया प्रवेश पद्मधर सिंह ने, मन में पाल बड़ा अरमान।
रहे न मात्र किताबी कीड़ा, थे अद्भुत वक्ता विद्वान।।
बढ़े पाँव फिर हटे न पीछे, रुके चरण मंजिल को चूम।
मची इलाहाबाद शहर में, लाल पद्मधर सिंह की धूम।।
श्रद्धा निष्ठा लगन अगर हो, निश्चित प्रभु का मिलता साथ।
अगर भाव रहता है पावन, पा लेता वह सबका हाथ।।
आया सन् उन्नीस सौ चालिस, किये बी.एस.सी. कक्षा पास।
था चढ़ाव का कालखण्ड यह, रचा गया स्वर्णिम इतिहास।।
नव जवान थे सुन्दर चेहरा, विषय-वासना से अति दूर।
रही ख्याति कैम्पस में भारी, किन्तु न इसका रहा गुरूर।।
डूबे रहते थे चिन्तन में, कभी न खाली रहा दिमाग।
वक्ताओं के बीच हमेशा, रही पद्मधर सिंह की धाक।।
जाते थे लखनऊ बनारस, देते थे उत्तम व्याख्यान।
श्रोता हो जाते थे लट्टू, करते थे शिक्षक सम्मान।।
इज्जत करते थे वृद्धों की, बच्चों को देते थे सीख।
कहते बनो स्वाभिमानी तुम, नर हो कभी न माँगों भीख।।

रहो देश के प्रति अभिमानी, खुद में मत पालो अभिमान।
पद, पैसा, यश के लालच में, गिरवी करना कभी न मान।।
जाति धर्म भाषा से उठकर, रखते थे सबसे व्यवहार।
देखा करते थे जो सपना, करते थे उसको साकार।।
कितना भी प्रेमी हो कोई, नहीं बताना घर का भेद।
गीता को आदर्श मानना, दिल में अपने रखना वेद।।
कभी किसी से दगा न करना, करना नहीं दुष्ट का साथ।
दुश्मन पड़ जाता है भारी, कट जाता जब अपना हाथ।।
अगर शक्ति सिंह साथ न देते, बचते नहिं प्रताप के प्राण।
थे दुर्योधन के सौ भाई, दुर्योधन को सब बलिदान।
लाल पद्मधर के पत्रों में, देश की पीड़ा का उल्लेख।
रक्त खौल उठता था उनका, अन्याई गोरो को देख।।
लाल पद्मधर का सपना था, करना भारत को आजाद।
आगे क्या करना हम सबको, मित्रों से चलता संवाद।।

प्रयागराज का ऐतिहासिक आनन्द भवन

प्रयागराज विश्वविद्यालय

विवाह न करने का संकल्प

अमर शहीद पद्मधर सिंह का, आया शादी का प्रस्ताव।
रही तैयारी तिलकोत्सव की, था अनुजों का बड़ा दबाव।।
खारिज किया पद्मधर सिंह ने, कहा न हमको यह मंजूर।
जब तक देश गुलाम हमारा, रहना है विषयों से दूर।।
उचित नहीं है समय अभी यह, भारत माता है नाशाद।
यह प्रस्ताव तभी संभव है, जब भारत होगा आजाद।।
हूँ गुलाम भारत का बेटा, मैं भी पैदा करूँ गुलाम।
यह खिलाफ है शान के मेरे, नहीं करूँगा मैं यह काम।।
मावस की घनघोर रात्रि में, नहीं उजाले की उम्मीद।
जब दीदार चाँद का होगा, मेरी तभी मनेगी ईद।।
उसको तो केवल छल मिलता, जो छल का करता विश्वास।
नभ में जब तक काले घट हैं, प्राप्त न होगा धवल उजास।।
वृद्ध करें रण कुरुक्षेत्र में, नव जवान को है धिक्कार।
है कर्तव्य आज हम सबका, करें कातिलों से तकरार।।
हमें प्राप्त है मानव का तन, इसको मत होने दो व्यर्थ।
जो केवल अपने को जीता, क्या उसके जीने का अर्थ।।
आह्वान है लोकमान्य का, आजादी अपना अधिकार।
लहू दो मैं आजादी दूंगा, बोस रहे कबसे हुंकार।।
अपने वेद पुराण शास्त्र में, ऐसे कितने भरे प्रमाण।
मोह त्याग कर धन वैभव का, हुए देश को, जो बलिदान।।
किया हस्तिनापुर को अपने, भीष्म पिता ने जीवन दान।
स्वीकारे वाणों की सैया, जाने नहीं दिया सम्मान।।

नौकर वन विराट के घर में, करता रहा धनंजय नृत्य।
दुर्गति हो गई हरिश्चन्द्र की, लेकिन जाने दिया न सत्य।।
सत्य धर्म कर्तव्य के आगे, नृप मौरध्वज थे मजबूर।
अलग किया धड़ से सुत का सिर, किन्तु वचन से हुए न दूर।।
दशरथ ने वन दिया राम को, जबकि तजना पड़ा शरीर।
माना पितु का कहा राम ने, डांवा डोल न हुआ जमीर।।
हार गया बलि वैभव सारा, जीत गये वामन भगवान।
जबकि समझ गया था वह सब, डिगा नहीं उसका इमान।।
वचन दिया मैंने भी माँ को, नहीं लजाऊँगा मैं क्षीर।
भक्ति करूँगा भारत माँ की, हरूँगा अब दीनों की पीर।।
कायर कातिल अत्याचारी, कभी न होगा मम आराध्य।
जो चाहूँगा वह कर लूँगा, मानव तन को सब कुछ साध्य।।
मेरा तो केवल एक सपना, भारत माता हो आजाद।
निर्भय होकर गूँजे नभ में, भारत माँ के जय का नाद।।

लाल पद्मधर सिंह जी
द्वारा विवाह न करने का संकल्प

माँ के निधन का दर्द

था उस दिन जनवरी का अन्तिम, सन् उन्नीस बयालिस वर्ष।
त्याग दिया माँ ने शरीर को, पहुँच गई माँ स्वर्ग सहर्ष।।
निधन सुना जब माँ का अपने, बुरा पद्मधर सिंह का हाल।
चिन्ता शाल रही थी मन को, जग में कौन बनेगा ढाल।।
नहीं मिलेगा माँ का दर्शन, चली गई माँ हमसे दूर।
चहुँ दिशि छाई थी अधियारी, लाल पद्मधर थे मजबूर।।
पत्र लिखा वामन शंकर को, मत पूछो दुख मेरा मित्र।
रहा नहीं अब पास हमारे, था रिश्ता जो बहुत पवित्र।।
लड़ता था जब बीमारी से, माँ को आती रही न नींद।
सब कुछ दिया मुझे माता ने, किया नहीं मुझसे उम्मीद।।
मेरे खाना खा लेने से, माँ हो जाती थी संतुष्ट।
मेरा स्वास्थ्य ठीक रहता तो, मेरी माँ रहती थी पुष्ट।।
देती थी माँ धीरज का बल, स्वयं भले वह रही अधीर।
दूध पिलाती थी मुझको माँ, भले न खुद पाती थी नीर।।
जब जब मैं घर थक कर आया, मेरी माँ को हुई थकान।
हाँथ पकड़ चलना सिखलाया, माँ ने दिया मुझे हर ज्ञान।।
रीवा में जब जेल में था मैं, रही मढुलिया में त्रय साल।
वापस आई थी घर माता, जब घर लौटा मैं खुशहाल।।
धरती भी छोटी माता से, माँ से है छोटा भगवान।
मैं क्या बड़े-बड़े ज्ञानी भी, कर न सके माँ का गुणगान।।
कभी नहीं भूला जा सकता, माता का निश्छल स्नेह।
माँ का दिया हुआ यह जीवन, माँ से मिली हुई यह देह।।

एक दिन मुझे कहा था माँ ने, कभी न करना दिल कमजोर।
मृत्यु लोक है मृत्युलोक में, मरती हर जीवन की डोर।।
अन्तिम सत्य बताकर माँ ने, मुझे दिया था आशीर्वाद।
करना काम भलाई के तुम, अपने को रखना आजाद।।
नदी नहीं निर्मित की जाती, तय करती अपनी वह धार।
जब धारा आगे बढ़ जाती, हो जाता है पाट अपार।।
कहा था माँ ने स्वप्न देखना, फिर उसको करना साकार।
कितनी भी बाधाएँ आयें, किन्तु नहीं होना लाचार।।
इस जीवन में चलता रहता, हर दम जीत-हार का खेल।
जब राई को पेरा जाता, उससे तभी निकलता तेल।।
मंजिल तुम्हें अवश्य मिलेगी, अगर बना लोगे उद्देश्य।
जिसने किया इरादा पक्का, उसके लिए न कुछ भी शेष।।
अब मेरी माँ भारत माता, अब मैं भारत माँ का पुत्र।
माँ का कथन करूँगा पूरा, अब बनना है मुझे सुपुत्र।।
यह तन मेरा भारत माँ का, यह सारा मेरा संसार।
नहीं किसी से नातेदारी, नहीं कोई मेरा परिवार।।
मुझे पुकार रही भारत माँ कहती है मत कर आराम।
मुझे जरूरत नव जवान की, नहीं रहा वृद्धों का काम।।
अगर नहीं पूरा कर पाया, मैं अपने माँ का सन्देश।
मुझे कुपुत्र कहेगा यह जग, माँ को भी पहुँचेगा क्लेश।।
हे माँ! ऋण कर दूँगा चुक्ता, मातृ भूमि पर हो बलिदान।
ऐसा कर्म करूँगा माता, जगत करेगा मेरा गान।।

माँ के निधन से चिन्तित लाल पद्मधर सिंह

लाल पद्मधर सिंह के माता जी का अन्तिम संस्कार

प्रयाग से रीवा क्रान्ति की तैयारी

पद से च्युत हो गये गुलाब सिंह, हुआ पद्म को दुक्ख अपार।
अत्याचारी अंग्रेजों का, रीवा में हो गया अधिकार।।
रहे विरोधी जो गोरों के, भोग रहे थे कारावास।
चलना फिरना तक प्रतिबंधित था, सबके घर में था संत्रास।।
जलवा था जो चापलूस थे, देशभक्त का था अपमान।
करते तरह-तरह का शोषण, पीड़ित रहा गरीब किसान।।
रहे भूमिगत क्रान्ति सियासी, बदल-बदलकर अपना वेश।
अपमानित थी संस्कृति सभ्यता, दूषित था सारा परिवेश।।
घर में खेल रहे थे बच्चे, बढ़ी थी हर शाला की फीस।
काम नहीं करते थे कर्मी, बिना लिए लम्बी बकशीस।।
श्रमिक वर्ग को काम नहीं था, ठप्प हुआ धन्धा व्यापार।
था जो कच्चा माल यहाँ का, लन्दन ले जाती सरकार।।
बोल नहीं सकता था कोई, आन्दोलन पर था प्रतिबन्ध।
छपता नहीं था अखबारों में, शासन के विरुद्ध निबन्ध।।
छाछ रहा राजा के हक में, पी जाते थे गोरे क्षीर।
बने ईश थे भारत माँ के, लिखते थे सबकी तकदीर।।
आवश्यकता थी ईंधन की, विन्ध्य में धधक रही थी आग।
पद्म नहीं आ पाये रीवा, रही विन्ध्य की बड़ी अभाग।।
जबकि आना था प्रयाग से, रीवा की धरती तत्काल।
तभी इलाहाबाद धरा की, स्थिति हो गई थी विकराल।।
लिखा लक्ष्मीकान्त मिश्र को, जिसमें यह सारा उल्लेख।
मित्र नींद न आती मुझको, निज रीवा की हालत देख।।

आगे लिखा कि आजादी को, कर दूँगा घर का अब त्याग।
आजादी के हवन कुण्ड में, शामिल कर दूँगा निजभाग्य।।
इस जीवन का अर्थ नहीं है, जब तक भारत वर्ष गुलाम।
गर्व करें हम इस धरती पर, पैदा हुए जहाँ श्री राम।।
देश को अपने लड़ मर जाना, श्री मद् गीता का सन्देश।
पराधीन होकर के जीना, जग का सबसे बड़ा कलेश।।
ऋषि दधीच ने जग के हित को, अपना अर्पित किया शरीर।
कुण्डल कवच कर्ण ने देकर, दूर किया निज माँ की पीर।।
रहना पड़ा बाण सैया में, किया भीष्म ने प्रण को पूर्ण।
सत्य धर्म को हरिश्चन्द्र ने, सौंप दिया जीवन सम्पूर्ण।।
मुझको बस चहिए आजादी, इससे इतर न कुछ मंजूर।
अंग्रेजों को इस धरती से, अब जाना ही होगा दूर।।
समय पुकार रहा है मुझको, करो क्रान्ति को तुम गुलजार।
रोक रहा हूँ पत्र यहीं अब, अर्पित बहुत-बहुत आभार।।

लाल पद्मधर सिंह जी द्वारा आन्दोलन की तैयारी

रीवाआन्दोलन हेतु लाल पद्मधर सिंह का संकल्प

वीर सपूत का बलिदान

चालू असहयोग आन्दोलन, देश में थी गाँधी की गूँज।
चिल्लाते थे क्रान्ति दिवाने, हम लेंगे फाँसी भी चूम।।
धधक उठा बम्बई शहर भी, थे नेहरू गाँधी अज्ञात।
चलती थी बिहार में आँधी, कलकत्ता में था उत्पात।।
इधर इलाहाबाद शहर भी, पूर्णरूप से हुआ अशान्त।
जिसमें भागीरथ का तप हो, वह कैसे हो सकता क्लांत।।
गज रण था गली-गली में, केवल करो मरो का नाद।
सबके कंठ पुकार रहे थे, हिन्दुस्तान करो आजाद।।
इतना उग्र हुआ आन्दोलन, अंग्रेजी शासन था त्रस्त।
जज्बा देख क्रान्तिवीरों का, दिखता था गोरों का अस्त।।
एक तरफ सत्ता की ताकत, एक तरफ जन का था त्याग।
एक तरफ था शीतल पानी, एक तरफ जलती थी आग।।
आओ चलें विश्वविद्यालय, था जिसमें कृपालपुर लाल।
जिसके जोशीले भाषण से, छात्र संघ में उठा उबाल।।
देश के जितने थे बलिदानी, लाल पद्मधर के आदर्श।
अपने कुल के धीर सिंह पर, करता था जो सदा विमर्श।।
हुई रात परिसर में बैठक, व्यक्त किया सबने अफसोस।
अंग्रेजों के दमन चक्र पर, था छात्रों में भारी रोष।।
हुआ पद्मधर सिंह का भाषण, था सबका अम्बर में ताव।
चली देश में गरम हवा जो, उसका सबमें पड़ा प्रभाव।।
किया सभी ने भीष्म प्रतिज्ञा, देश करेंगे हम आजाद।
अत्याचार करें जो हम पर, यहाँ न होगा वह आबाद।।

चर्चा थी यह नौ अगस्त की, दश अगस्त पर अब दो ध्यान।
दश अगस्त को किया सभी ने, खुलकर इंकलाब का गान।।
नहीं मानना निषेधाज्ञा, नहीं मानना अब कानून।
खा लोगे तुम मलकर हमको, मत समझो तम्बाखू चून।।
तना हुआ था सीना सबका, उठा हुआ था सबका भाल।
बढ़ी नदी की धार रोक दे, भला कौन माई का लाल।।
दिखता था सबकी आँखों में, केवल भारत माँ का चित्र।
श्रद्धा थी भारत माता पर, था सबका उद्देश्य पवित्र।।
निकला फिर ग्यारह अगस्त को, था जुलूस फिर आज विशाल।
हुई शहर में नारे बाजी, नित-नित बढ़ता रहा उबाल।।
अन्तिम दिन बारह अगस्त था, निकल पड़े सड़कों में छात्र।
मन था सबका गंगा जल सा, हर तन था सोने सा पात्र।।
निकले सभी छात्र सड़कों में, खाली हुआ यूनियन हाल।
समय रहा दस बजे प्रात का, हर दिन से थी भीड़ विशाल।।
सबसे पहले सावधान हो, किया सभी ने झण्डा गान।
जयकारा कर भारत माँ की, दो समूह में किये पयान।।
एक समूह कचेहरी का था, जिसमें रहे पद्मधर लाल।
बारह बजे कचेहरी पहुँचा, था सबका उत्साह विशाल।।
चलते विश्वनाथ सिंह संग में, ठीक बगल से थे कमलेश।
रहा बेटियों का दल आगे, छात्रों का दल पीछे शेष।।
जोश भरा था जाबाजों में, टोपी सब थे रहे उछाल।
सब चौकन्ने मृग-शावक से, सबकी थी हाँथी सी चाल।।
पहुँचा जहाँ जुलूश कचेहरी, दिया तुरत डिक्सन ने रोक।
चलने लगी तड़ातड़ लाठी, पल में लगा पसरने शोक।।
पत्थर आने लगे पृष्ठ से, सैनिक लगे खेलने खेल।
यह साजिश थी अंग्रेजों की, था कुछ जय चंदों का मेल।।

बेर के कांटों से भय खाकर, झुका न करता उसको केर।
हुआ-हुआ सुनके सियार की, पीछे हटा न करता शेर।।
लेट गये थे सारे साथी, थी लेटो-लेटो की चीख।
तब चिल्लाकर कहा पद्म ने, दो न मुझे प्राणों की भीख।।
झपट नयनतारा से झण्डा, लिया पद्म ने अपने हाँथ।
कहा लेट जाओ तुम बहना, दो अपने प्राणों का साथ।।
आगा की आई एक गोली, कर गई जो सीने को पार।
बिलख उठी थी भारत माता, सुत की देख लहू की धार।।
आँसू थे सबकी आँखों में, नेहरू भी रोये थे खूब।
नभ से बहुत झरे थे आँसू, गया शीघ्र दिनकर भी डूब।।
वर्ष बयालिस सन् उन्निस सौ, था बारह अगस्त दिन मान।
था भारत माँ का सपूत वह, हुआ भारती में बलिदान।।

शोक व्यक्त करते हुए छात्र

श्रद्धांजलि तथा देह तर्पण

आँसू थे सबकी आँखों में, भरा हुआ था सीनेट हाल।
ऊपर लिपटा रहा तिरंगा, नीचे था भारत का लाल।।
जितने थे शिक्षक विद्यार्थी, पार्थिव तन को किया प्रणाम।
शुरू हुई फिर नारे बाजी, लिया गर्व से सबने नाम।।
छींटें थे सबके कपड़ों में, था सबके ललाट में रक्त।
भारी गम था सबके दिल में, खोकर भारत माँ का भक्त।।
कभी-कभी आते हैं भू पर, देश को होते जो बलिदान।
जिनके कर्मों से बढ़ जाता, भारत माता का सम्मान।।
मेले लगते शमसानों में, जन्म दिवस बन जाता पर्व।
त्याग तपस्या कीर्ति शौर्य से, बन जाते जन-जन के गर्व।।
मिट जाता है सब कुछ लेकिन, जीवित रहता उसका नाम।
टँग जाते हैं पूजा घर में, बन जाता घर चारो धाम।।
उन पर भाषण करते वक्ता, बच्चे पढ़ते हैं इतिहास।
पूजा होती आदर्शों की, पैदा हो जाता उल्लास।।
आकर दे जाते मानव को, नारायण बनने का मंत्र।
जहाँ पद्मधर पैदा होते, देश न रहता वह परतंत्र।।
भारत माता की रक्षा में, जो जाता फाँसी में झूल।
अजर-अमर होता वह प्राणी, मानस कभी न सकता भूल।।
अवसर था तेरह अगस्त का, पहुँच गया शव गंगा घाट।
चेहरे में मुस्कान भरी थी, चमक रहा था दिव्य ललाट।।
तट में पहुँची अंतिम यात्रा, शव को किया अग्नि को दान।
वीर पुरुष के शव को पाकर, बढ़ जाता गंगा का मान।।

था दवाब गोरी सत्ता का, शामिल हो न सका परिवार।
समाचार पहुँचा कृपालपुर, हर दिल में था दुःख अपार।।
सुनकर व्याकुल थे गुलाब सिंह, बहुत कठिन था बन्धु विछोह।
कितना भी निष्ठुर हो कोई, है सबको भाई का मोह।।
जग में कोई बन्धु नहीं है, जिसे बन्धु का नहीं मलाल।
रावण की जब मृत्यु हुई तो, अनुज विभीषण रहा बिहाल।।
बड़ा भाग्यशाली वह मानव, करता जो मानव परमार्थ।
उसके सखा कृष्ण बन जाते, वह नर बन जाता है पार्थ।।
लाल पद्मधर से बेटे पर, हर प्राणी को था अभिमान।
व्याकुल थी रीवा की जनता, लाल पद्म का सुन बलिदान।।
कई दिनों तक जले न चूल्हे, गायब रही सभी की भूख।
बहुत बड़ी है गम की पीड़ा, बहुत बड़ी है गम की हूक।।
अत्याचारी अंगरेजों पर, पैदा हुआ घृणा का भाव।
कभी न भर पाई ये पीड़ा, कभी न भर पाया ये घाव।।
अमर वही जो जन्म भूमि को, जीवन कर देता उत्सर्ग।
मृत्यु लोक से जाता जब वह, बढ़कर स्वागत करता स्वर्ग।।
सत-सत नमन पद्मधर सिंह का, धन्य-धन्य यह विन्ध्य प्रदेश।।
पूज्यनीय भारत का कण कण, अति पावन इसका परिवेश।।

अमर शहीद लाल पद्मधर सिंह

श्रद्धांजली सभा या अन्तिम संस्कार का चित्र

म. प्र. सन्देश (शहीद सूची)

म.प्र. के शहीदों के सूची

क्र.सं.	शहीदों के नाम	शहीद दिवस
1.	यशवन्त सिंह उम्र	11.09.1931
2.	देव नारायण तिवारी	11.09.1931
3.	ठा. रुद्र प्रताप सिंह	29.03.1945
4.	उदय (उम्र 18 वर्ष)	29.03.1945
5.	कल्प (उदय के पिता)	1942
6.	रामाधीन गोड़	20.01.1939
7.	रामदास खरे	31.12.1939
8.	लाल बुद्धि प्रताप सिंह	10.07.1938
9.	मनधीर राम पान्डे	10.07.1938
10.	रामाश्रय गौतम	10.07.1938
11.	लाल पद्मधर सिंह	12.08.1942
12.	सम्बा तेली	01.02.1942
13.	रामप्रताप चौबे	01.02.1947
14.	दुर्गा (पिता कन्हैयालाल)	28.04.1941
15.	रमुआ पिता परमानन्द	28.04.1941
16.	राम नारायण गूजर, इन्दौर	28.04.1941
17.	मगनलाल पिता हीरालाल	28.04.1941
18.	गुलाबराय 'युवक'	14.09.1942
19.	राजा शंकर/रघुनाथ शाह	14.09.1942
20.	भाई उदय चन्द्र जैन	19.08.1942
21.	गुड़वाई सामडोह	अक्टूबर 1930
22.	भीलवा	अक्टूबर 1930
23.	देवो बाई भीलवा	अक्टूबर 1930

क्र.सं.	शहीदों के नाम	शहीद दिवस
24.	बिरजू भार मुरा मोड़	अक्टूबर 1930
25.	नारायण सिंह - सोना खान	18.12.1857
26.	बख्तार सिंह	10.02.1858
27.	ठा. रणमत सिंह	1869
28.	तात्या टोपे	18.04.1859
29.	अमर चन्द बाठिया	22.06.1858
30.	दीवान गुलाब राय रावत	1915
31.	ठा. भवानी सिंह	1914
32.	मोहन लाल कामदार	1915
33.	सलूक राय मंडलोई	1915
34.	ठा. गोबर्धन सिंह	15.02.1858
35.	राव रणजीत सिंह	15.02.1958
36.	इनायत हुसैन खाँ	15.02.1858
37.	जमीदार फाजिल मो. खाँ.	19.01.1858
38.	किशोर सिंह दमोह	18.06.1858
39.	महारानी लक्ष्मीबाई	18.06.1858
40.	सरजू प्रसाद, विजयराघवगढ़	1864
41.	रामप्रताप चौबे, पिथौरागढ़	23.03.1858
42.	कामदार खाँ	29.01.1858
43.	सहादत खाँ	1877
44.	चैन सिंह	24.06.1824
45.	हिम्मत खाँ	24.06.1824
46.	बहादुर खाँ	24.06.1824
47.	अमीर मो. खाँ	1858
48.	शेर मोहम्मद खाँ	1864
49.	राजकुमार सरजू सिंह	17.06.1858

सतना की शहीद सूची

क्र.सं.	शहीदों के नाम	जन्म भूमि
1.	ठा. रणमत सिंह	मनकहरी,कोठी
2.	ठा. सरजू सिंह	विजयराघव गढ़
3.	हनुमान प्रसाद ब्रा.	बिरसिंहपुर
4.	बिहारीलाल मिश्र	रानीपुर
5.	भवानी सिंह बिसेन	शिव पुरवा
6.	रगो सिंह, नकैला	बाँदा में फाँसी
7.	महिपाल सिंह,नकैला	कर्बी में फाँसी
8.	अजीत सिंह	मनकहरी
9.	युवराज पर्वत सिंह	जसो
10.	लाल छत्रधारी सिंह	अमकुई
11.	लाल होरिल सिंह	कोनी
12.	विश्वनाथ सिंह	नागौद
13.	रणजोर सिंह	जसो
14.	गंधर्व सिंह	जसो
15.	भदवा कोल	सुरदहा
16.	कड़हा ठीमर	सुरदहा
17.	नत्थू मुसलमान	पहाड़ी खेरा
18.	सुक्खी सईस	कालीजंर
19.	रुद्र सिंह परिहार	सोहावल
20.	शम्भू भुंजवा	सोहावल
21.	भानू ढीमर	रीवा
22.	ठाकुर नेपाल सिंह	कंचनपुर
23.	बख्तावर बहेलिया	झुकेही
24.	रामप्रसाद पहल.	अमदरा
25.	वीरू मिस्त्री	विजयराघवगढ़
26.	दी. दलगंजन सिंह	विजयराघवगढ़
27.	वुटर सिंह	विजयराघवगढ़
28.	मुकुन्द सिंह	विजयराघवगढ़
29.	गुलवसिया धोबिन	कंचनपुर
30.	गणेश जू	शाहगढ़
31.	दीवान शारदा प्र.	मानगढ़
32.	लाल इतर सिंह	विजयराघवगढ़
33.	महावत खान	मुड़वारा
34.	जुमराती कसाई	बिलहरी
35.	बब्बू महापात्र	झुकेही
36.	सिरमन नाई	अमदरा
37.	भुग्गी बरई	कन्हवारा
38.	प्यारे बरई	कन्हवारा
39.	स्वामी कोल	कन्हवारा
40.	सन्ता कोल	कन्हवारा
41.	रमा गोड़	धनवाही
42.	ललुआ घसियारा	धनवाही
43.	व्यास मुनि ब्राह्मण	धनवाही
44.	सुख नन्दन	चौरा
45.	नवी पठान	विजयराघवगढ़
46.	सिरिया गौड़	विजयराघवगढ़
47.	मोहन वसदेवा	विजयराघवगढ़
48.	मोतवार सिंह	विजयराघवगढ़

क्र.सं.	शहीदों के नाम	जन्म भूमि	क्र.सं.	शहीदों के नाम	जन्म भूमि
49.	पलटनिया धोबी	विजयराघवगढ़	75.	रामाधीन कोल	पिण्ड्रा
50.	दयाराम गोलदास	मैहर गढ़ी	76.	फगुना कोल	पिण्ड्रा
51.	गोपालदास	मैहर गढ़ी	77.	सहोलिया कोल	पिण्ड्रा
52.	साविर हज्जाम	मैहर गढ़ी	78.	पुन्या नाई	पिण्ड्रा
53.	रामानन्द महावत	मैहर गढ़ी	79.	रामकिशोर बरई	पिण्ड्रा
54.	सिरिवा मथालची	मैहर गढ़ी	80.	उमादत्त ब्राह्मण	पिण्ड्रा
55.	कल्लू बहेलिया	पिण्ड्रा	81.	गैवी प्रसाद	पिण्ड्रा
56.	जगदेव बहेलिया	पिण्ड्रा	82.	रामसंजीवन बहे.	पिण्ड्रा
57.	कामता बहेलिया	पिण्ड्रा	83.	सुजात बहेलिया	पिण्ड्रा
58.	पुन्नू बहेलिया	पिण्ड्रा	84.	क्रांति बहेलिया	पिण्ड्रा
59.	सुखराम बहेलिया	पिण्ड्रा	85.	किशोरी लाल ब्रा.	पिण्ड्रा
60.	लालू बहेलिया	पिण्ड्रा	86.	धनपत लाल ब्रा.	पिण्ड्रा
61.	रामकंठ बहेलिया	पिण्ड्रा	87.	रघु कोल	पिण्ड्रा
62.	घनश्याम बहेलिया	पिण्ड्रा	88.	वैशखिया कोल	पिण्ड्रा
63.	रामभद्र बहेलिया	पिण्ड्रा	89.	नौखवा कोल	पिण्ड्रा
64.	विजय बहेलिया	पिण्ड्रा	90.	मूलचंद वानी	पिण्ड्रा
65.	त्रिभुवन बहेलिया	पिण्ड्रा	91.	महेश ब्राह्मण	पिण्ड्रा
66.	धीरशरण बहेलिया	पिण्ड्रा	92.	जलोधर काछी	पिण्ड्रा
67.	कनका बहेलिया	पिण्ड्रा	93.	बक्शा काछी	पिण्ड्रा
68.	विलोचन बहेलिया	पिण्ड्रा	94.	गिरजा काछी	पिण्ड्रा
69.	कारीगर बहेलिया	पिण्ड्रा	95.	शंकर सोनी	पिण्ड्रा
70.	निहोरे बहेलिया	पिण्ड्रा	96.	जमुना सोनार	पिण्ड्रा
71.	मानिकलाल ब्रा.	पिण्ड्रा	97.	कंधीराम बढ़ई	पिण्ड्रा
72.	विन्छा बहेलिया	पिण्ड्रा	98.	दशरथ बढ़ई	पिण्ड्रा
73.	चन्द्रशेखर ब्राह्मण	पिण्ड्रा	99.	राम प्रसाद बढ़ई	पिण्ड्रा
74.	ठाकुर सूरज सिंह	पिण्ड्रा	100.	ठा. ललन सिंह	पिण्ड्रा

क्र.सं.	शहीदों के नाम	जन्म भूमि
101.	कपुरिया तेली	पिण्ड्रा
102.	दद्दी काछी	पिण्ड्रा
103.	भूरा बहेलिया	पिण्ड्रा
104.	जगन बहेलिया	पिण्ड्रा
105.	सद्दू बहेलिया	पिण्ड्रा
106.	घोसल बहेलिया	पिण्ड्रा
107.	अयोध्या बहेलिया	पिण्ड्रा
108.	रामेश्वर बहेलिया	पिण्ड्रा
109.	कुन्जी बहेलिया	पिण्ड्रा
110.	बाबूराम बहेलिया	पिण्ड्रा
111.	रामभजन बहेलिया	पिण्ड्रा
112.	धामद पिंडारी	पिण्ड्रा
113.	अब्दुल आतिसवाजी	पिण्ड्रा
114.	बरकुल पिडारी	पिण्ड्रा
115.	रज्जो पिडारी	पिण्ड्रा
116.	इमरती बहेलिया	पिण्ड्रा
117.	साविर पिडारी	पिण्ड्रा
118.	सुदामा सिंह	पिण्ड्रा
119.	ठा.सुदामा रघुवंशी	पिण्ड्रा
120.	शान्तिलाल	पिण्ड्रा
121.	नारायण नोलिया	पिण्ड्रा
122.	राम कल्ला नाई	पिण्ड्रा
123.	विशाल बहेलिया	पिण्ड्रा
124.	बिरजू बहेलिया	पिण्ड्रा
125.	नवल बहेलिया	पिण्ड्रा
126.	सुजान	पिण्ड्रा
127.	सुजान लोहार	पिण्ड्रा
128.	कमरधुआ बहेलिया	पिण्ड्रा
129.	विलखुआ साईस	पिण्ड्रा
130.	सूरतदीन बहेलिया	पिण्ड्रा
131.	महादेव बहेलिया	पिण्ड्रा
132.	इन्द्रजीत बहेलिया	पिण्ड्रा
133.	घनश्याम बहेलिया	पिण्ड्रा
134.	वंशू बहेलिया	पिण्ड्रा
135.	गजाधर धोबी	पिण्ड्रा
136.	सोनेलाल बहेलिया	पिण्ड्रा
137.	सरजू बहेलिया	पिण्ड्रा
138.	पुष्पा बहेलिया	पिण्ड्रा
139.	रामसेवक बहेलिया	पिण्ड्रा
140.	शिवप्रसाद बहे.	पिण्ड्रा
141.	सुरजीत सिंह बहे.	पिण्ड्रा
142.	हनुमान ब्राह्मण	पिण्ड्रा
143.	जगली गौड	पिण्ड्रा
144.	गर्दभ सिंह गौड़	पिण्ड्रा
145.	भदवा बारी	पिण्ड्रा
146.	कड़हा कोल	पिण्ड्रा
147.	लोकपाल सिंह	पिण्ड्रा
148.	रमायत ब्राह्मण	पिण्ड्रा
149.	सुरजन बहेलिया	पिण्ड्रा
150.	पुन्नू बहेलिया	पिण्ड्रा
151.	लटोरेलाल	पिण्ड्रा
152.	शोम सिंह	पिण्ड्रा

क्र.सं.	शहीदों के नाम	जन्म भूमि
153.	धाराजीत सिंह	पिण्ड्रा
154.	दलगंजन सिंह	पिण्ड्रा
155.	अजुध्या सिंह	पिण्ड्रा
156.	दुर्जन सिंह गौड़	पिण्ड्रा
157.	हरनाम सिंह गौड़	पिण्ड्रा
158.	गप्पू लोहार	पिण्ड्रा
159.	नत्थू लोहार	पिण्ड्रा

क्र.सं.	शहीदों के नाम	जन्म भूमि
160.	शिवधारी सिंह	बदौसा
161.	गुजुआ मवासी	कर्बी
162.	सुनुआ मवासी	कर्बी
163.	रामवदन ब्राह्मण	चित्रकूट
164.	गयारा बैरागी	हनुमान धारा
165.	जगलिया गौड़	कामतानाथ

सन्दर्भ सूची

1. प्रयाग विश्वविद्यालय द्वारा प्रकाशित पत्रिका - 11 दिसम्बर 1973

2. लखन प्रताप सिंह 'उरगेस' समाचार पत्र में प्रकाशित - 'आलेख संग्रह'

3. धीर सिहं का स्वतंत्रता आन्दोलन में योगदान - 'भगवान दास श्रीवास्तव'

4. माधवगढ़ के किला का इतिहास - 'असद खान रीवा'

5. आन्दोलन में प्रयाग का योगदान तथा अमीर रजा की चश्मदीद वयानी - 'विश्वम्भर नाथ, मन्मथ नाथ गुश्ते

6. रीवा राज घराने की वंशावली - 'राजीव सिंह बघेल'

8. कृपालपुर का वंश वृक्ष - 'ब्रिगेडियर भूपेन्द्र सिंह' कृपालपुर

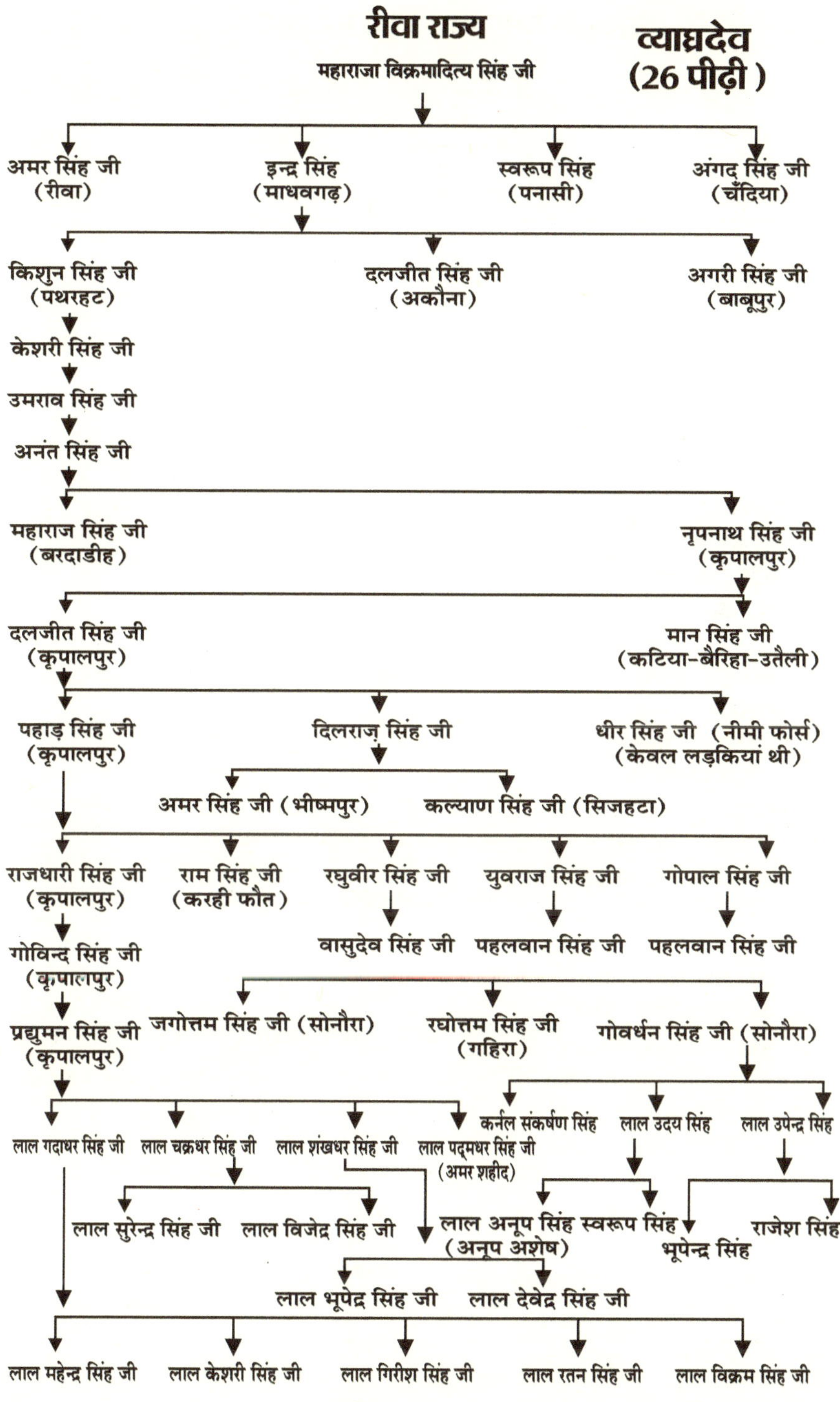

रीवा राज्य
व्याघ्रदेव
(26 पीढ़ी)
महाराजा विक्रमादित्य सिंह जी
अमर सिंह जी (रीवा)
इन्द्र सिंह (माधवगढ़)
स्वरूप सिंह (पनासी)
अंगद सिंह जी (चँदिया)
किशुन सिंह जी (पथरहट)
दलजीत सिंह जी (अकौना)
अगरी सिंह जी (बाबूपुर)
केशरी सिंह जी
उमराव सिंह जी
अनंत सिंह जी
महाराज सिंह जी (बरदाडीह)
नृपनाथ सिंह जी (कृपालपुर)
दलजीत सिंह जी (कृपालपुर)
मान सिंह जी (कटिया-बैरिहा-उतैली)
पहाड़ सिंह जी (कृपालपुर)
दिलराज़ सिंह जी
धीर सिंह जी (नीमी फोर्स) (केवल लड़कियां थी)
अमर सिंह जी (भीष्मपुर)
कल्याण सिंह जी (सिजहटा)
राजधारी सिंह जी (कृपालपुर)
राम सिंह जी (करही फौत)
रघुवीर सिंह जी
युवराज सिंह जी
गोपाल सिंह जी
वासुदेव सिंह जी
पहलवान सिंह जी
पहलवान सिंह जी
गोविन्द सिंह जी (कृपालपुर)
जगोत्तम सिंह जी (सोनौरा)
रघोत्तम सिंह जी (गहिरा)
गोवर्धन सिंह जी (सोनौरा)
प्रद्युमन सिंह जी (कृपालपुर)
कर्नल संकर्षण सिंह
लाल उदय सिंह
लाल उपेन्द्र सिंह
लाल गदाधर सिंह जी
लाल चक्रधर सिंह जी
लाल शंखधर सिंह जी
लाल पद्मधर सिंह जी (अमर शहीद)
लाल सुरेन्द्र सिंह जी
लाल विजेद्र सिंह जी
लाल अनूप सिंह (अनूप अशेष)
स्वरूप सिंह
भूपेन्द्र सिंह
राजेश सिंह
लाल भूपेद्र सिंह जी
लाल देवेद्र सिंह जी
लाल महेन्द्र सिंह जी
लाल केशरी सिंह जी
लाल गिरीश सिंह जी
लाल रतन सिंह जी
लाल विक्रम सिंह जी

रीवा के महाराजाओं का वंश विटप

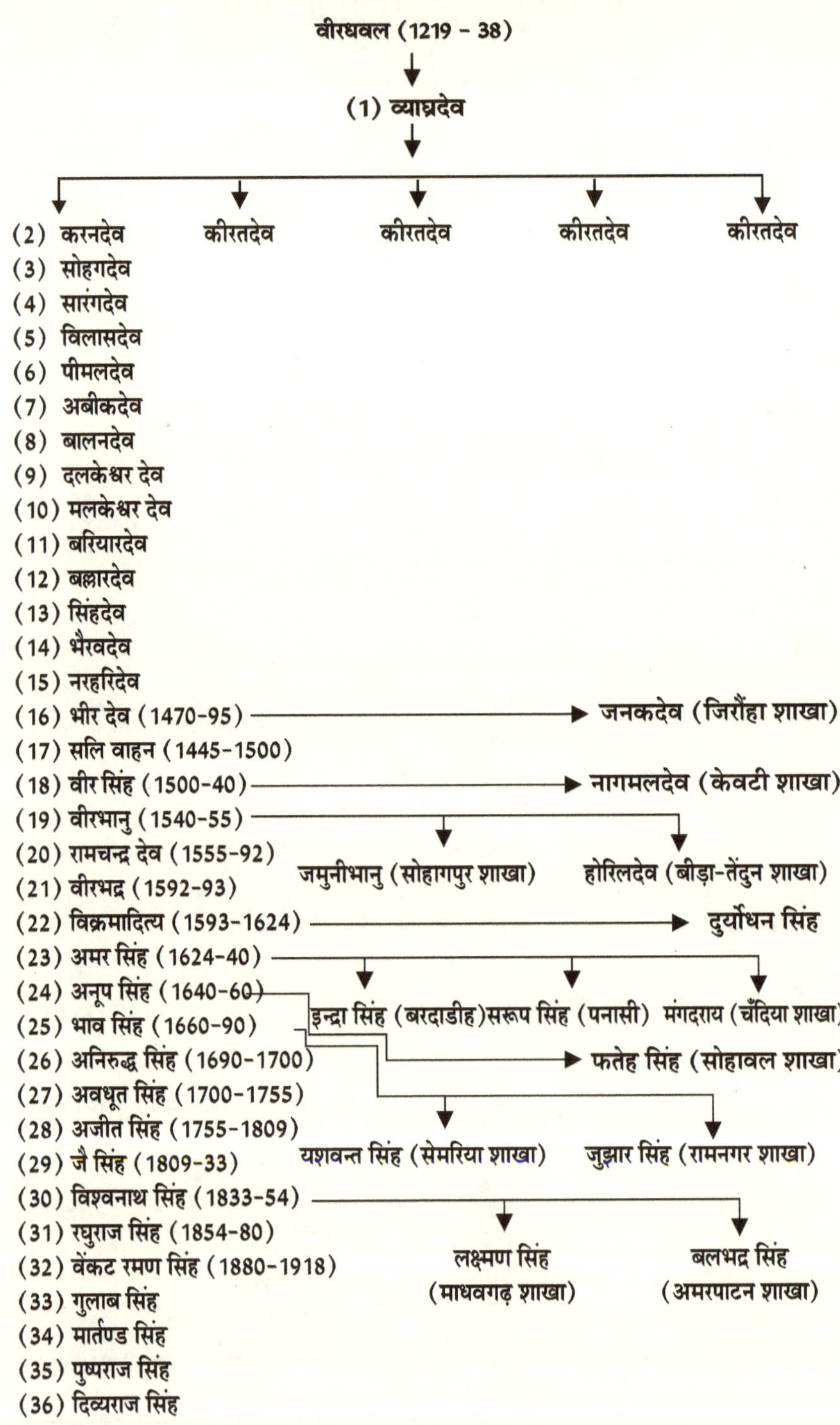

www.ingramcontent.com/pod-product-compliance
Lightning Source LLC
LaVergne TN
LVHW091056150826
845673LV00002B/598

* 9 7 9 8 8 9 1 3 3 6 2 5 4 *